かんたん
やさしい
食べるを変える

米トレ

まえがき

管理栄養士になって四半世紀が経ちました。その間、私には「栄養はこうあるべき」という強い思いがありました。今となっては「思い込み」と言った方がいいかもしれません。

・料理上手でないといけない。
・栄養計算がしっかりできて当たり前。
・食のプロとして毎日を生きなければならない。

そんな私が、やがて母となり、子どもたちの食事を任される立場となって、大きな壁に直面しました。

管理栄養士なんだから家庭の食事もパーフェクトにできる！　やれる！　と思う自分とは裏腹に、想像以上にお母さん業は思い通りにならないことの連続でした。子どもたちにしっかり食べさせようとしても、食べムラがある。好き嫌いもある。遊び疲れて食事もままならず寝てしまう……なんてことは日常茶飯事。それ以上に、私自身が家事と育児で疲れ切っていたのです。

管理栄養士の理想通りに料理なんて作れない！　理想と現実のギャップに追い詰められてしまった私。そもそも料理はあまり好きじゃないし、お酒が大好きだし、ジャンクフードだって大好き。あぁ、このまま管理栄養士としてのプライドをなくしてしまうのかしら……。なるがままにお母さん業を続けるうちに、転機が訪れました。

息子たちがスポーツと出会ったのです。ハードな練習メニュー、休日は試合続き、ゆっくり身体を休める時間は少ない。でも、結果を出したいと日々練習に励んでいる。そんな彼らの頑張りを支えたい。母親としての強い気持ちが、私を再び、いえ、新しい〝管理栄養士〟にしてくれたんです。スポーツは身体が資本。身体作りには、やはり食事が基本です。人の身体も心も〝食べた物〟でできているから。

息子たちにはしっかりと食べてほしい。

そこからスポーツをする子どもを意識した毎日の食事とお弁当作りがスタートし

ました。

ところが、ずぼらな私のことです。これまた理想通りにはいかないんです。仕事が忙しい中での食事作りは負担大。その上、色合いや栄養価を考えるなんて余裕ナシ。さらにお弁当も、となると、忙しさは倍増します。

一応、食のプロである管理栄養士の私ですら「面倒くさい」と思うのだから、世の中のお母さんはもっともっと痛烈に思っているはず。もっとシンプルに作れて、必要な栄養分が摂れる食事でないと続かない。そうじゃないと意味がない。だから、誰にでもわかりやすく伝えたい。そうして生まれたのが「食アススタイル」「食アス弁当」です。

お母さん、お父さんが簡単にチャレンジできて、いつも元気でパワフルに結果を出したいと思っているアスリートの支えになる一冊。子どものいる人だけでなく、仕事のパフォーマンスを高めたい男性、いつまでも若さを保ちたい女性の皆さんにも、ぜひ読んでほしい一冊を、と書いてみました。

毎日のお弁当作り 楽しく かんたん

もくじ

第3章 ～キレイになりたい社会人1年生22歳～ 115

第4章 ～40代、まだまだ頑張るパパとママ～ ……151

第1章
甲子園を夢見る高校球児16歳の挑戦

「アスリート」と聞くと、プロ選手や世界で活躍するアマチュア選手を想像するかもしれませんが、食アスリート協会では部活動に励む中学生、高校生、大学生と、その保護者向けにも食トレセミナーを全国で開催しています。

大切にしているのは、〝無理なく、誰でも実践できること〟。

そこで本書では、勉強や部活動を頑張る中学生、高校生とその家族をモデルに「食アススタイル」を物語にしてみました。ぜひ皆さまのご家庭に当てはめてみてください。そして気軽に実践してみてください。

スポーツ、勉強の成績アップも、女子力アップも、収入アップも、すべて食アススタイルで叶えてしまいましょう！

◇登場人物

・**ママ**＝パートで働く40代。元気でパワーがあふれています。

・**パパ**＝最近メタボで糖質制限している40代。働き盛りで飲み会が多いのが悩み？

・**長女**＝社会人1年目。慣れない仕事のストレスで、つい食べ過ぎに。ダイエットの必要性に気付いたが、知識に乏しい22歳。

・**長男**＝甲子園を目指す高校球児16歳。公立の強豪伝統校に進学した1年生。2リットルタッパー飯で日々食トレ中だが、体重が増えない。

・**次男**＝文武両道を実践する中学1年生13歳。食が細く、好き嫌いが多い。サッカー少年。

◇食アススタイル実践前の一家の様子

家族がバラバラの食事スタイルでした。

ママ…朝食は食べる時間がなく、コーヒーと残り物をつまむ毎日。

昼は飲食店のパート先で、まかないランチ。子どもたちが帰って来る前にお腹が空き、おやつをパクリ。夜は太るから、ごはんを抜いておかずだけ。だけどビールがやめられない。最近疲れやすいのは更年期のせいだよね。

パパ…朝食はパンにコーヒー。

仕事がハードで、昼は営業途中に立ち食いそば。夜は会食や同僚と居酒屋。妻同様、アルコールはやめられないよ！

長男…朝からノルマの1合飯とみそ汁。

朝練あり。昼食は2リットルタッパー入りのごはんとおかずを無理やり流し込む。

放課後のきつい練習を終えたら、プロテインをがぶ飲み。これでお腹が膨れてしまうのと、疲れ切っているために、夕食が食べられないことも多い。こんなに努力しているのに、なんで体重が増えないんだろう。

次男…もともと食が細く、朝もごはんを少しだけ。

給食はしっかり食べている。塾に通っているため、18時に軽く夕食。帰宅後は食べずに寝ちゃう。そもそも食べることに興味がない。食事に向き合わなくても、サッカーも勉強もちゃんとこなせているよ。なんで食べなきゃいけないの?

長女…朝食は美容に良いからヨーグルトとシリアル。

昼はコンビニでおにぎり2個に唐揚げ、デザートにプリン。お腹が空くので15時にお菓子。夕食はサラダだけ。コンビニのスムージーを愛用。だって美容にいいしね!

食アススタイル とは

ここで少しだけ、私たち食アスリート協会が伝えている理想的な食事「食アススタイル」についてお話ししておきます。

食アススタイルの基本は、ごはんと具沢山のみそ汁とおかず。割合は「ごはん＝6、おかず＋具沢山みそ汁＝4」を推奨しています。

特に注目してほしいのが〝マルチ食材〟の「ごはん」です。ごはん＝炭水化物（エネルギー源）のイメージですが、代謝の基となって筋肉、骨、血液を作るたんぱく質も含まれている上に、副栄養素としての働きもあり、ビタミン、ミネラル、食物繊維が豊富。疲労回復にも役立ちます。ごはんから、アスリートに必要な栄養素がすべて摂れるのです。

この「ごはん」の働きを効果的に助けてくれるのが「具沢山のみそ汁」です。みそは、ご存知の通り大豆を原料とした発酵食品。たんぱく質が豊富なので、身体を温める効果があります。〝具沢山〟にすることで、野菜がしっかり摂れるのもポイントです。

そして「おかず」。世界で活躍するアスリートの奥様たちが自慢の腕を振るい、彩り豊かなおかずを品数多く食卓に並べ、SNSなどにアップしているのを見たことがありますよね。さすがです。でも、身体を作るためにはこんなに用意しないとダメなのか。そう思っていませんか?

いえいえ、大丈夫。忙しいのですから、おかずは「1品」でいいんです。

私たちが開催するセミナーで、アスリートの保護者たちに「おかずは1品で十分!」と伝えると、皆さん安堵の笑顔を浮かべます。しかし、次の瞬間、「1品って、どんな料理ならいいんですか?」、「逆に1品の方が難しいかも……」と不安が押し寄せてくるようです。

ここで「食アススタイル」と「基本のフルコース」をイラストにしてみましたので、見てください。

「食アススタイル」

軸は　<ごはん>　と　<具沢山みそ汁>

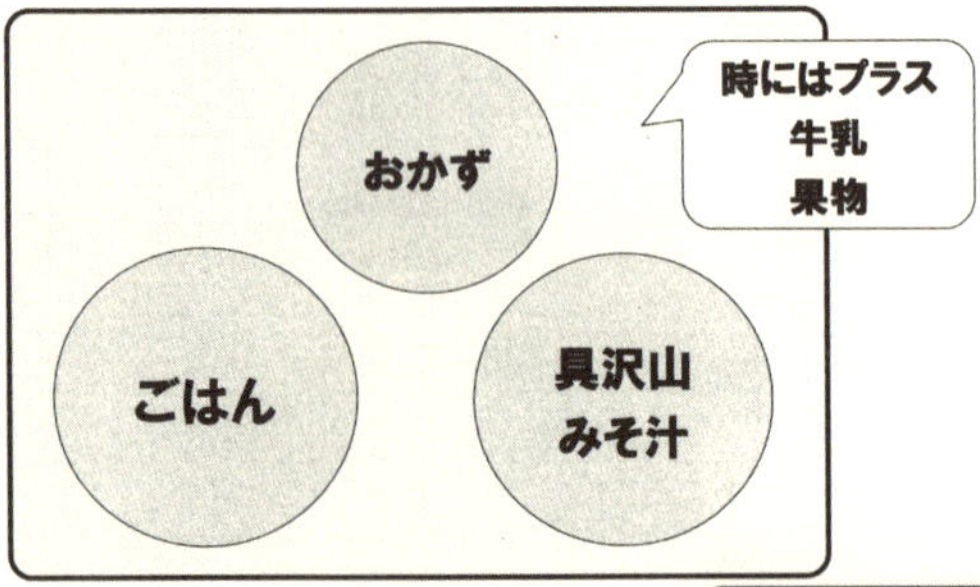

ごはん　と　おかず　の基本の割合は　6:4

具沢山のみそ汁が、汁物と副菜の役割を果たします

基本のフルコース 基本の6皿

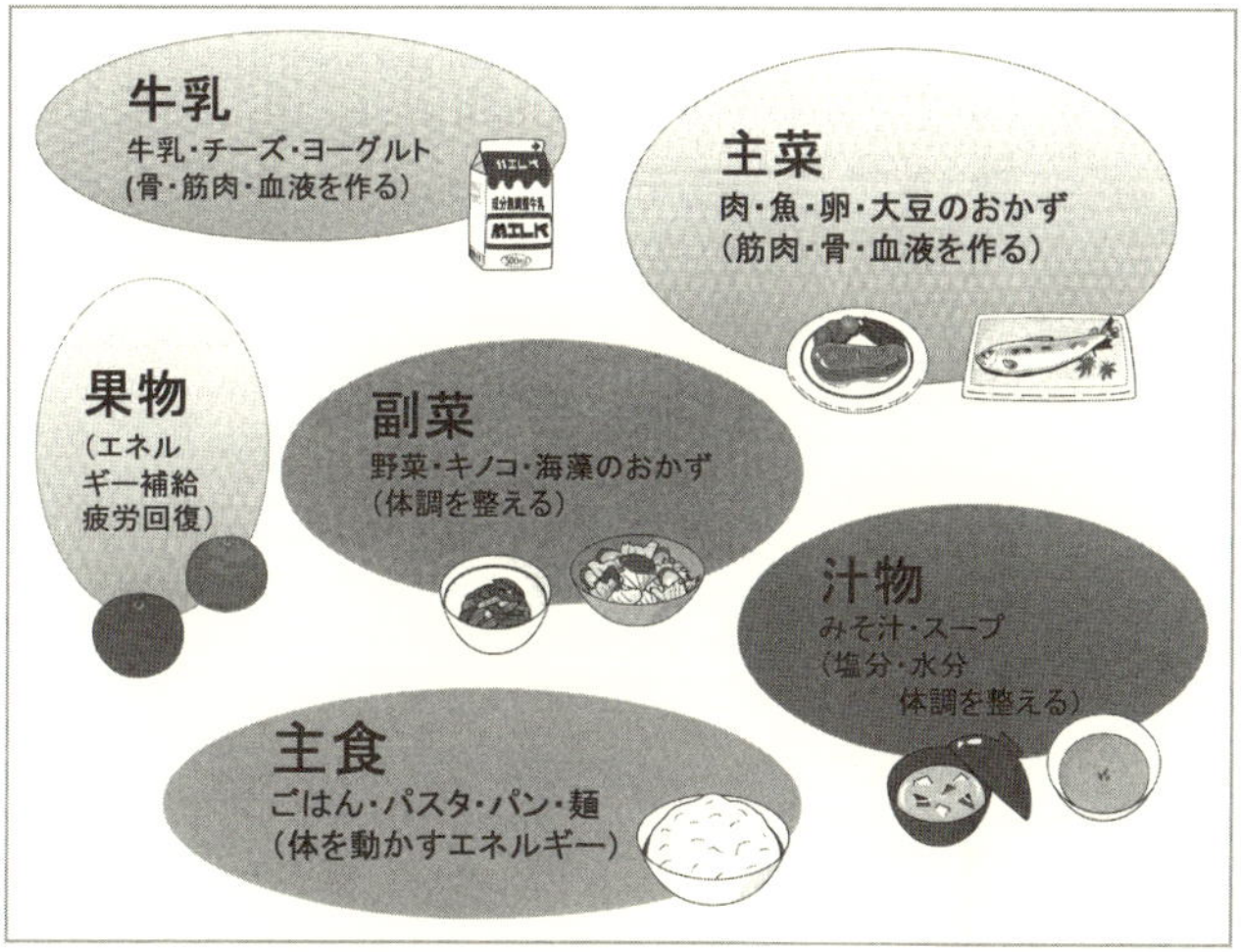

では、「おかず1品」に戻ります。具体的にどんなメニューならいいのでしょう。「筋肉、骨、血液の基となるたんぱく質が豊富で、ごはんが美味しく食べられるおかず」が理想的です。

生姜焼き
ハンバーグ
鳥の唐揚げ
ローストポーク
サバの塩焼き
ブリの照り焼き

これらはほんの一例です。さらに、朝昼晩の食事以外のおやつ、食後のデザートなどの補食には、牛乳、果物をプラスするとベストです。

牛乳は骨を丈夫にし、筋肉、血液を作る材料であり、エネルギー源にもなります。疲労回復の効果も絶大です。

また、運動量の多いアスリートの疲労回復には良質な糖質摂取が大切。果物は素早いエネルギーチャージ、疲労回復に効果があります。

食アスリート協会の願いは、働いている方々でも気楽に実践できる食スタイルの浸透です。当協会のインストラクターは、家庭を持ちながら働くお母さんたちが多いので、皆さんの気持ちがよくわかります。

頑張る子どもたちに結果を出させてあげたい。

できる限りのサポートをしてあげたい（でも、難しいのは続かないの）

実は、食アススタイルは「一汁一菜」という日本食のシンプルな献立が基本になっています。

簡素で質素。しかし、続けることで力（チカラ）になる。

スポーツ栄養とは、皆さんが考えるほど難しいものではないのです。

では、物語に進みましょう！　ママさんに進行をお願いしましたが、長男、次男、長女、パパ、それぞれの立場から必要なものをセレクトしてくださいね。

私ばかりが頑張っている？

私は近所の飲食店でパート勤務する主婦。40代に入った。

家族は22歳の長女、16歳の長男、13歳の次男、そして同年代のパパ。

子育てが一段落したので始めた仕事は、パートといっても力仕事が多くて、お客さんにも気を遣う。仕事で疲れて帰るというのに、家事は専業主婦だった頃と変わらず私の担当だ。

私ばかり頑張っているじゃない！

しかも、家族たちときたら、自分勝手なことばかり。イライラする。

野球に夢中で、甲子園を目指している高校生の長男は食べ盛り。身体を大きくしたいとか言って、朝から山のようにごはんを食べる。お弁当も2リットルタッパーにぎゅうぎゅうに詰めろというから、ごはんを炊くだけで一苦労だ。それなのに、思うように身体が大きくならないらしく、悩んでいるみたい。でも、これ以上は私もどうしたらいいのかわからない。

勉強大好き、サッカー大好きな次男。こちらは全然、食事に興味がない。子どもの頃は小さなおにぎりを作ったり、食器を好きなキャラクターの物に替えてなんとか気を引こうとしたけれどダメ。食べないから体力がない。中学1年の1学期までは良かった成績も、サッカーも、この頃は不振。どうやって食べさせたらいいのか、正直、困っている。

社会人になった長女は明らかに太ってきた。で、そろそろ女の子としてスタイルに気を遣うようになってほしいけれど、食べないダイエットは危険な気がして言い出せない。それに、あれは食べない、これは嫌だと言われたらちょっと面倒だ。結局、皆が残した物は、もったいないから私が食べることになる。だから太る。私の健康だって、少しは考えてほしいんだけど。

そしてパパ。プロジェクトリーダーになったとかで、毎日遅い。取引先との付き合いはまだわかるけど、会社の仲間と飲みに行くのも仕事だって！　なんだかお腹も出てきたし、健康面が心配なのに、こっちの気も知らないで。それにいつも連絡なしで飲みに行くから、夕食が無駄になる日もある。下の2人にまだまだ教育費がかかるんだから、そこのところも考えてくれなきゃ！

そんな毎日を送っていたある日、長男が「食トレのセミナーに一緒に行ってほしい」と言い出した。食トレのセミナー？ よく聞いてみると、どうも野球部の先輩に教えてもらったらしい。

「憧れの先輩が中学時代はガリガリに痩せてたって言うんだ。食事を変えたら身体が変わったんだって！」

なんてまあ、大興奮だった。でも、食事を変えるって簡単に言うけどさ……。今だってきついのに、これ以上品数を求められたら大変なんだよね。

長男に気付かれないよう、私はため息をついた。

コラム 1

「食べる力」

あらあら、ママさん、困っているようですね。

でも、私たち食アスリート協会の「食べる力」を上げる方法は、品数を増やしたり、手間を掛けてくださいというものではありません。

では、どういうことなのでしょうか。

今さらですが、スポーツをするとエネルギーを消費します。エネルギーを消費したら、補給しなければなりません。自動車にガソリンが必要なのと同じです。しかも、スポーツをするとエネルギーを消費するだけでなく、細胞も壊れますし、機能低下や酸化も起こります。

これらを修復できるのは、**食事**だけなんです。

エネルギー消費には、エネルギー産生栄養素（炭水化物、脂質、たんぱく質）や、それらを燃やすためのビタミン、ミネラルが必要です。

ところが消費に見合ったエネルギー（カロリー）を確保しなければ、代謝効率が悪くなり、筋肉、骨、血液に使われるたんぱく質の利用効率も下がってしまいます。

身体を動かすと、新陳代謝が活発になります。新陳代謝の活性化は成長に欠かせないことですが、活発になる分、新しい細胞を作るための材料が必要になります。材料が不足すると新しい細胞を作る余裕がなくなってしまうから、筋肉、骨、血液、細胞、ホルモン、酵素などの新陳代謝が悪くなります。（仕方なく古い物で間に合わせなければならないですからね。すると、胃腸の機能低下も起こってしまうのです）。

その上、運動すると、活性酸素も大量に発生します。活性酸素は老化の原因と言われていますが、アスリートにとっても大敵。例えば、回復が遅くなったり、けがの治りが遅くなったり、細胞の老化も進みます。細胞の老化によって回復力が低下すれば、病気のリスクも高まります。

スポーツをすることは身体に良いこと、と思っている人も多いと思いますが、エネルギー消費が増えると逆にリスクも高まります。

このリスクを最小限に抑えて、パフォーマンスを最大化させることができるのは、**食事**だけです。

だからこそ、スポーツをするためには、しっかり食べなくてはなりません。なにげなく食べるのではなく、トレーニングの1つだと捉えて、パフォーマンス向上のために正しく、美味しく食べることが大事なのです。

食事の品数を変えるのではなく、食事に向き合う意識と姿勢を変えることが大切です！

それでは話を戻します。長男くんは高校の野球部で、どんな話を聞いてきたのでしょう。

そして、食トレセミナーで教えられたこととは？

どうして食べても身体ができない？

小学校から野球チームに所属していた俺は、多くの野球少年と同じように甲子園出場が目標になった。第1志望だった強豪伝統校に合格。「よし、やってやるぞ！」とやる気いっぱいで練習を始めたのはいいんだけど、ここで早くも日々のトレーニングだけでは勝てないと気付いたんだ。

なぜなら、2、3年生は圧倒的に自分よりも身体がデカい。歳はたった1つ、2つしか変わらないのに肩幅も、足の太さも半端ない。俺の175センチの身長は、クラスでは目立つ方だが、先輩たちに囲まれると小さく、細く見えてしまう。

これでは監督、コーチに存在をアピールしにくい。甲子園を目指すレベルのピッチャーの、重い球を打ち返すほどのパワーもまだまだ足りない。

「練習だけではダメだ」

俺は中学時代に増して、栄養や食事が気になるようになった。とにかく食べればデカくなれるだろう。そう考えて、食事の量を増やすことにした。野球部では白飯の量を決められているので、そのノルマもしっかりこなした。身体の基になるのはたんぱく質だと、肉の量も増やした。

しかし、一向に体重は増えない。

次第に体重のことが悩みに感じるようになっていた。そんな時、俺は野球部の先輩たちの会話を耳にした。

「コイツなんて、中学時代はガリガリだったんだぜ」

振り返ってみると、名指しされた先輩はサードで6番。がっちりした体格の割には動きが俊敏で、足も速い。痛烈な当たりも広い胸でしっかりと受け止めるプレーは「かっこいい」と憧れていた。

ガリガリだった？　チームの大黒柱の一人に挙がる、今の先輩の姿からは想像もできない。そのまま耳を傾けた。

「食べるの、変えたんだよ」

そう言って、仲間と笑い合っている先輩。食べることなら自分もやっている。でも、俺の身体は変わらない。

なんでなんだ！　なにが違うんだ！

「どうやって変えたんですか？」

気が付いたら聞いていた。唐突に後輩が割り込んで来たから、先輩たちは目を合わせて苦笑していた。

数日後、俺は母親と一緒に隣町にある貸し会議室のセミナールームにいた。先輩から教えてもらった食アスリート協会の食トレセミナーに参加したんだ。

この日から、俺の甲子園への道は新たなステージを迎えることになった。

胃腸の力を高める

食トレセミナーで聞いたたくさんの話の中で、俺が「コレなら今日からでもできる」と思ったのは**「しっかり噛むこと」**だった。

よく噛んで食べなさいというのは、小さい頃に母から何度も言われた。でも今は、とにかくたくさんの量を食べることばかり考えていて、改めて考えてみると俺の食べ方は〝ドカ食い〟に近かった。

食べ始めは美味しく食べられている。それが満腹になって、それでもなんとか食べようとすると、口に詰め込んでお茶で流し込むしかない。とても「噛んでいる」とは言えなかった。

衝撃だったのは、**「しっかり噛むことは、胃腸の筋トレになる」**という言葉だった。

「え？　内臓もトレーニングできるの？」

初めて聞く話に、思わず前のめりになった。

つまりはこういうことだ。

腸と脳は相関関係にある。しっかり噛んで食べると「食事をスタートしました」と脳に信号が送られ、この信号を受けて筋肉でできている胃腸が動く。特に腸は免疫細胞の集合体だから、しっかり食べてしっかり動かすことで**免疫力**や**自己治癒力**、**回復力**を高めることができる。アスリートの身体作りには大事なことばかりだ。

また、胃のぜん動運動が活発になれば、胃酸がしっかり分泌されて食べた物が細かく分解される。すると、腸での吸収力が高くなる。

大きなままの食べ物が腸の粘膜にぶつかって吸収されずに流れていくのを横目に、細かくすり潰された食べ物は腸の粘膜をスーッと通過して身体に取り込まれていく様子が、頭の中でたやすく想像できた。

さらに先生は話を進めた。

「必要な栄養素がたっぷりと消化吸収されれば、代謝が上がり、いらない物を排出するデトックス力が高まるんですよ」

そう言ったところで、隣にいた母が「へぇ」と関心を高めたのがわかった。デトックスという言葉に反応したんだなと思ったら笑えた。

母のお腹は、息子の自分から見てもいらない物が多い。先生は不要な栄養素を〝いらない物〟と例えたんだろうが、胃腸の力が高まれば、もしかしたらダイエットにも効果があるのかもしれない。母のお腹の〝いらない物〟もなくなるのでは、などと先生が連発する**「胃腸の力」**に期待してしまった。

効率の良い消化吸収がバテない身体を作り、スタミナ強化に繋がる。

この事実は、ただ沢山食べることと練習メニューをこなすことで身体を作るのに限界を感じていた自分にとって**「大きな希望」**になった。

食べる力と5つの力

じゃあ、**「食べる力」**って具体的にはどんなものなんだろう。

先生いわく**「食べ物に対する意識を高めること」**と**「食べ物を受け止める身体の機能を高めること」**らしい。

その上で、**【5つの力】**があることも学んだ。

「サイクル力」

「コンディショニング力」

「リカバリー力」

「食戦力」

「成長力」

これら5つの力を備えることが、パフォーマンスや結果に繋がるというのだ。

今さらだけど、人は（動物も）生きていくために栄養を欲する。つまり骨も筋肉も血液もすべて「栄養＝食べ物」でできている。

セミナーで先生から「だから、食べた物（栄養）を無駄なくしっかり回す（サイクル）ことが大切！」と聞いて、なるほどと思った。

食べた物を燃焼させてエネルギーを作り出しているのだから、燃えやすく、しかも身体に負担を掛けない組み合わせにすればいいらしい。

セミナーで聞いた効率的な組み合わせはこれだ。

「炭水化物＋ビタミン、ミネラル」

エネルギー源になる栄養素には、炭水化物、脂質、たんぱく質がある。

俺は身体を大きくしようと「肉（＝主にたんぱく質）」を多く摂るように心掛けていたが、これだと燃焼した後の「ゴミ」が多く残るのだとわかった。「ゴミが出る」と聞いて自分の部屋を思い浮かべ、正直、面倒くさいなと思った。だってそうだろ。自分の部屋にゴミを置きっ放しにしたくないけど、捨てるのも手間が掛かる。部屋のゴミは知らないふりをしておけば、母が捨ててくれることもあるけれど、身体の中のことまではさすがにしてもらえない。

ところが、炭水化物は燃えやすい上に、燃えてもゴミが出にくい。しかも筋肉と肝臓にしっかり蓄えられて、脳のエネルギー源にもなるらしい。

燃えにくくて消化に負担が掛かる脂質は少なくするようにしていたけれど、たんぱく質を優先していた自分の身体にはゴミがたくさん残っているんじゃないの？ そう思ったら「適量にしておこう」という気持ちになった。


栄養素によって燃焼力の違いがあるなんて知らなかった。


「食べたらしっかり動いてね」

先生は「チャージ&アクティブ」という言葉を使い、しっかり身体を動かすことで、効率良く得たエネルギーを使い切れと言っていた。

甲子園を目指している自分には、そんなの当たり前でしょ、だ。でも……。練習で「エネルギーを使い切るんだ」と思って取り組んでいると、自然と心と身体の動きが噛み合ってきたんだ。

例えば素振りの時。投げ込まれるボール、それをバットの芯に当てる感覚、打球の行方――。今まではそれを頭に思い描き、フォームやスイングスピードを意識して振っていた。それに加えて、効率的な体内エネルギーの燃焼と消化をイメージしてみたら、自分のスイングの無駄も気になってきた。

「この動き、無駄じゃね？　もっとシンプルに身体を動かせないかな」

毎日そうやっていろいろ考えながら練習していると、だんだん練習が短く感じるようになった。気が付いたら素振りやランは指示された回数以上できるようになっていたし、練習後も、翌日も、疲れを感じにくくなっていた。

「エネルギーを効率良く使えるようになると、スタミナが付いてくる。持久力がアップしますよ」。

先生が言っていたのは、このことだったのか。

少し自信が付いた。

コラム 2

「サイクル力」とは

ではここで、5つの力の1つ目、サイクル力についてお話しします。

食べた物は、私たちの身体のすべてです。それが活動の源となり、心身の機能に影響します。摂取した栄養をしっかり回して身体の基本機能を活発化させることを、私たちは**「サイクル力」**と呼んでいます。

身体の基礎機能として、食べた物を消化吸収してエネルギー源として利用し、循環させながら不要な物は排出するという流れがあります。基礎機能がアクティブに回り出すと細胞や筋肉を作る力が高まるので、体温も安定。体温が安定すると免疫力が高まり、体内の酵素の働きも活性化されます。さらに心肺機能が高まり、脳機能もアップします。

この「サイクル力」がきちんと働くために、理想的なエネルギーバランスというものがあります。それが、エネルギー必要量の内訳の

炭水化物60％、脂質25％、タンパク質15％

という数字なのです。

食事の基本のエネルギーバランス

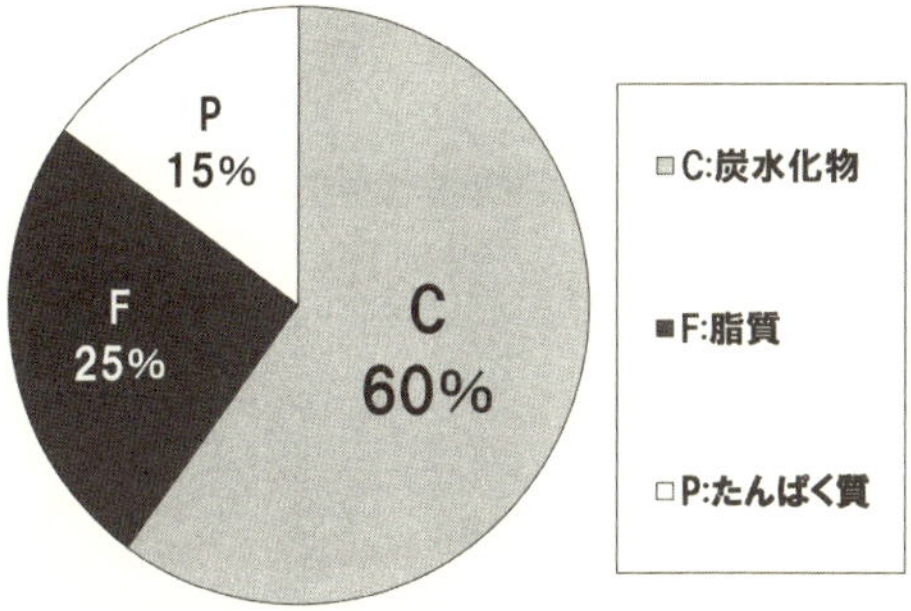

このバランスがスポーツをする人にはBestバランス!!

※厚生労働省「日本人の食事摂取基準」参照

単に燃焼といっても、栄養素によって燃え方に違いがあります。アスリートにとっては、この〝燃え方〟が特に重要になると言えるでしょう。カロリーとなるエネルギー産生栄養素のうち、もっとも燃えやすいのは**「炭水化物」**です。その上、炭水化物によって得られたエネルギーは筋肉や肝臓に蓄積され、身体のエネルギー源として使われます。さらに**脳のエネルギー源**にもなるため、脳が活性化されて集中力、精神力もアップ！　アスリートは技術だけでなく、メンタル面の整備も非常に重要なので、脳へのエネルギー補給は欠かせません。

残り2つはどうでしょうか。

たんぱく質は燃料であり、身体の材料になります。筋肉、骨、血液などの材料です。どちらかと言えば燃料として使用するのではなく、材料として使用したい栄養素です。

脂質は脳や細胞膜の材料になります。

どちらも大切な栄養素ではありますが、脂質は燃えるのに時間が掛かり、たんぱく質は燃えた後に燃焼ゴミが出てしまう性質があります。

それらを総合的に考えると、アスリートのエネルギー源は**「炭水化物」**が最適だというのも納得です。

さらに、「サイクル力」を高めるために、燃焼をサポートするビタミンやミネラルの摂取もお忘れなく。

そして「食べたら溜めない」も重要なポイントです。しっかり補給して、しっかり燃やして、しっかり排出する。身体の基本機能である「入れたら出す」を正しくくり返すことができたら、腸内環境も整い、コンディションやパフォーマンスも安定してくるでしょう。

毎日、自分の**便**をチェックすることも大切です。便を確認することで、自分の体調(特に内臓の疲労度)を知ることができます。特に試合や大会の前、長期遠征では体調やメンタルがそのまま表に出やすいので、排せつ物の確認をぜひ行ってほしいと思います。便とは、身体の状態を教えてくれる**「お便り」**なのです。

持って生まれた身体能力や運動神経などを変えるのは至難の技。

でも、**誰にでも備わっている基本機能を最大限に発揮するのは、自分次第で**

いくらでもできるのです。

ちょっとした気遣いで「サイクル力」を高められれば、求める結果にグッと近付けます。

さて、長男くんと一緒に食トレセミナーに行ったママさん。

最初は「私の負担が増すんじゃないの……」とあまり乗り気ではなかったようでしたが、講師の話を聞いてなにか変わったのでしょうか。

サイクル力のイメージ図

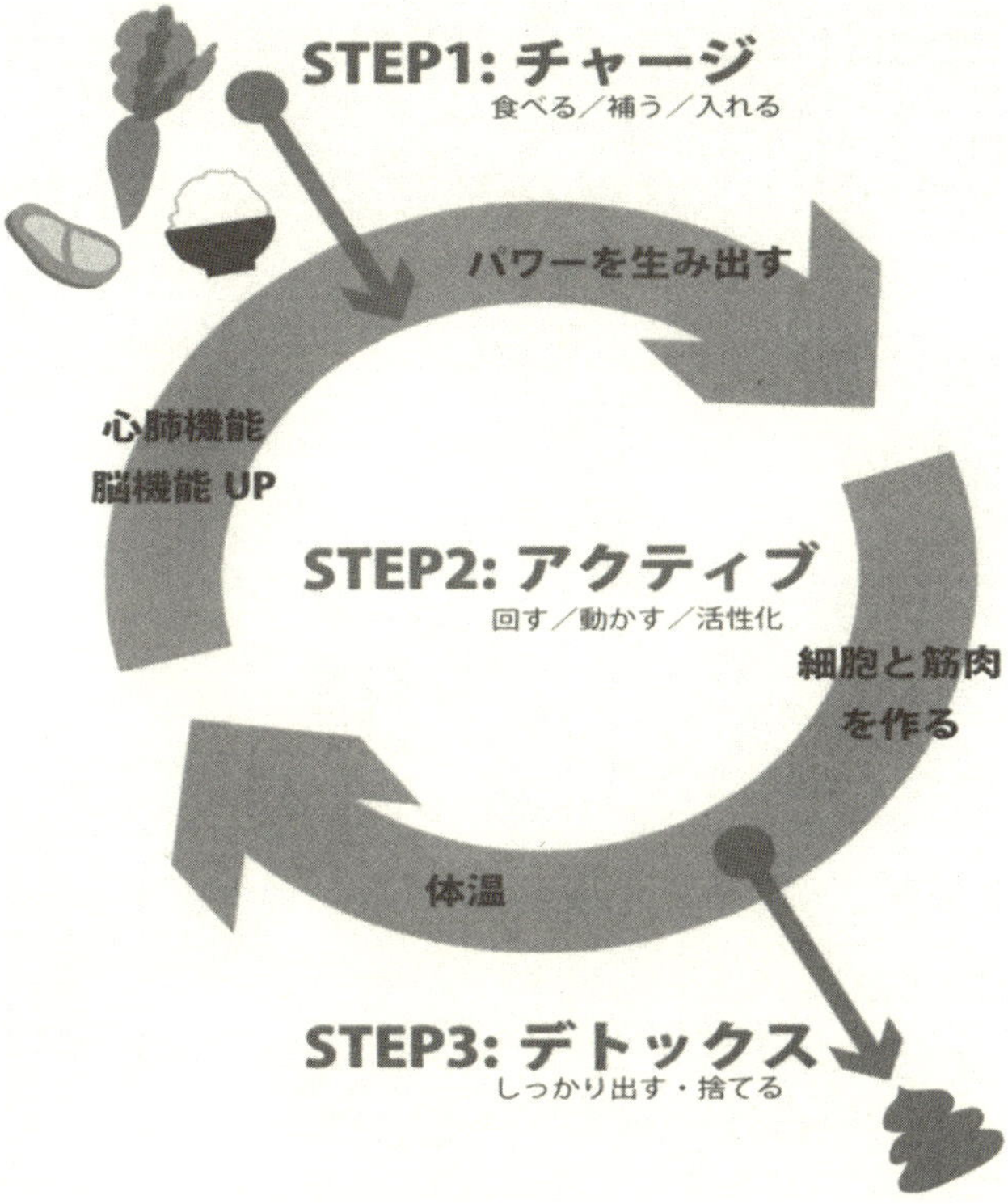

サポートの仕方を変える

食アスリート協会のセミナーで、長男はかなり衝撃を受けていたようだ。メモまで取っていた。あの日を境に、彼の行動が変わった。でも、それだけじゃない。セミナーは、私にとっても衝撃だった。

「食事が身体を作っている」

そりゃ、そうだ。当たり前だ、と思った。そう思って、今まで料理を作ってきたのだ。栄養のバランスとか、彩りとか、食欲をそそるものとか、いろいろ工夫もしてきた。それなのに、なかなか家族は私の努力をわかってくれなくて、不満があった。

それが——。セミナーで講師の先生の話を聞くうちに、手間を掛ければいいというものじゃないのかな、と思い始めた。

では具体的に、どんなものを家族に食べさせたらいいんだろう。

「ごはんと具沢山のみそ汁」

これが、先生の提案だった。

え、ごはんと具沢山のみそ汁？　それだけ？

私はホッとした。これならパートで忙しくして、疲れて帰って来ても、作ってやれそうだ。しかも、よく聞くと「食べた物を燃焼させて、循環させることで身体の基本機能を活発化できる」とか。

もしかしたら、育ち盛りの長男、次男だけでなく、私やパパや、ダイエットが必要な長女にも応用できるかも……。

私はバッグをかき回してボールペンを見付け、もらった資料の大事な部分にチェックを入れた。

コラム 3

「ごはんは、たんぱく源です」

ママさんが飛び付いた「ごはんと具沢山のみそ汁」について、補足しておきます。

食アスリート協会が提案する「食アススタイル」で、メインにしているのは「ごはんの力」です。

軸は「6割のごはん」です。

ごはんを「食べる力」が、アスリートのパフォーマンスを左右していると言っても過言ではありません。アスリートのエネルギー源としてごはんやパン、麺類などが挙げられますが、中でもごはんの機能性の高さはナンバーワン。

注目したいのは**「燃焼力の高さ」**です。

パンや麺類などに比べて燃焼しやすいごはんには、持久力が高く、血糖値を安定させる働きがあります。すなわち、エネルギー源としての体内への吸収が穏やかだというわけなのです。

次に注目したいのは**「脂質が少ない」**こと。

おかずとして揚げ物を食べたとしても、ごはん自体に脂質が含まれていないので、食事全体のバランスを取ることができます。パンはパン自体に脂質が含まれ、バターやマーガリンを使用するとさらに脂質が増えます。パスタはたくさんの油で絡めて調理します。

そしてもう1つ。こう言うと皆さん驚かれるでしょうが**「ごはんはたんぱく源」**です。

筋肉、骨、血液を作るのは、肉、魚、卵、大豆と思われがちです。でも実は、米の力もとても重要なのです。ごはんはスポーツをする時のエネルギー源の燃料であり、身体を作る材料にもなる。両方を兼ね備えた食材なのです。

ただ、米に含まれるたんぱく質に点数を付けるとしたら「65点」（必須アミノ酸の含まれる量を示すアミノ酸スコアのこと）になります。残りの35点は、日本食ならではの具沢山のみそ汁やたんぱく質の点数が「100点」の肉、魚、卵、大豆などのおかずで補います。

食アススタイルは、ごはんが持つたんぱく質の力が100％になるように考えてできたものなのです。

お米はたんぱく源だ!

ごはん 茶碗1杯(150g)

熱量:252kcal 炭水化物:55.7g 脂質:0.5g たんぱく質:3.8g

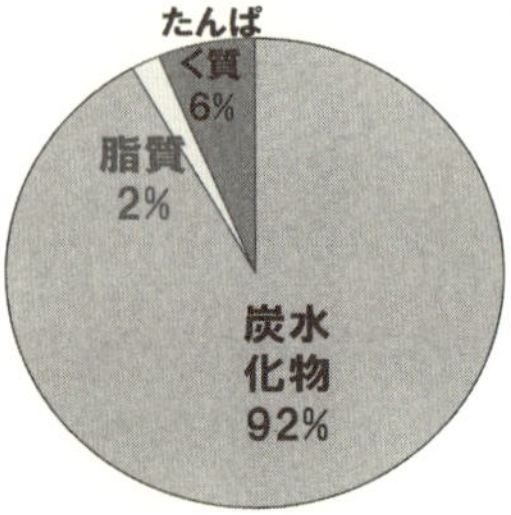

<一般の人の量>

1日2合(5杯) ・・・ たんぱく質19g

※現在の日本人の平均の摂取量は2杯弱程度

みそ汁はスゴイ

ごはんの力を引き出す最高のパートナーが大豆です。大豆は、ごはんの不足（前述のたんぱく質35点分）を補ってくれるのです。

そこで食アスリート協会では最強コンビの**「ごはんとみそ汁」**をメニューの中心に据えています。

大豆の発酵食品であるみそは、腸内環境を整えてもくれます。腸内を活性化させ、身体の内側から温めることによって、温熱効果が高まり、代謝が良くなるのです。さらに胃腸の粘膜をケアする効果も期待できます。大豆に含まれる大豆ペプチドは血圧を安定させ、豊富に含まれるミネラルがむくみや筋肉の収縮コントロールもしてくれます。

まさにアスリートの身体サポートには欠かせない食材と言えますね。

食アススタイルのみそ汁のポイントは**「具沢山」**。野菜やキノコ類、海藻類などたくさんの食品が一度に摂れるだけでなく、具材を別々に調理することで余分な調味料を使ってしまい、脂質や塩分、糖分などの摂取量を増加させてしまうのも防いでくれます。

最後まで飲み干して、手軽に水分と栄養を摂れるので、体内の水分量を安定させ脱水や熱中症予防になります。

具材を変えるだけでバリーエションが増える手軽さも、忙しいお母さんを助けてくれますね。

副菜をみそ汁で摂るくらいの意識で野菜や海藻、キノコをプラスする。

野菜は皮付きで大きく切る。

だしは煮干や昆布を切ってそのまま入れる。わざわざ取り出す必要はありません。そのまま一緒に食べてしまいましょう。

みそも赤、白、合わせなど複数用意すると、どんどんレパートリーが増えていきますよ。

ママの挑戦

長男と一緒にセミナーに参加した後、私は食事を変えた。

まずしたことは、ごはんとおかずのバランスの修正だ。

もともと長男の「身体を作りたいから、たんぱく質をたくさん摂りたい」というリクエストに応えて、たんぱく質が多い肉類をメインにしていた。

それが、「ごはんの割合を増やそう」ということだったので、割合を先生の言う「ごはん＝6、おかず＋具沢山みそ汁＝4」にしたのだ。

当然、スパゲッティやカレーライスなどの単品メニューが少なくなり、子どもたちは最初、物足りなそうな表情だった。長男は、ガッツリした肉料理も減って「本当にこれで大丈夫なの？」と不安を口にすることもあった。正直に言えば、私も急激に変わった献立に手を抜いているような気にもなった。

でも、今はとにかくやってみよう。

そう思って、具沢山みそ汁に力を入れた。野菜はもちろん、ワカメや豆腐、いも、キノコ類など、毎日5〜6種類はざくざく切って入れるようにした。

子どもたちは今まで、みそ汁は食事の添え物くらいにしか考えていなかったと思う。「具を多くしてもみそ汁はみそ汁じゃん……」と憎まれ口を叩いていたのが、今では自分からみそ汁に手を伸ばすようになった。

意外にも、ごはんと具沢山のみそ汁は腹持ちがいい。肉をガツンと食べるよりも、だ。私も一緒に食べてみて、それがわかった。先生の言う通りしっかりごはんを増やしたので、満腹感を得られるみたい。

ごはんをしっかり食べて食物繊維が増えたお陰で、皆のお通じも良くなった。

長男は身体が軽いし、練習後のバナナやあんパンの補食がおいしいとも言う。

これなら……。私のお腹の余分な物ももしかして……。

なんて、秘かに思っている。


手応えを得られたママさんは、相当やる気になっています。今度は、ママさんのサポートを受けた長男くんの様子を見てみましょうか。

俺たちの勝負がスタート

7月中旬、先輩たちの夏は思いのほか、早く終わってしまった。地方大会の2回戦。バッテリーは好調で6回まで無四球、被安打1、奪三振は2ケタになり、もちろん1点も許さない好投だった。しかし、ピッチャーの仕上がりの良さは、相手チームも同格だった。思い切りのいいスイングも、凡打に終わり、なかなか得点できない。

応援席で大声を張り上げる俺たちにも、自信と不安が交錯した。試合が決まったのは7回裏。ショートのエラーで打球が外野に転がり、その間に二塁ランナーがホームベースを踏んだ。

勝負を決めたのは、たった1点だった。

優勝候補ではなかったけれど、もう少し先まで進めるはずだったので、ベンチにはあっけなさだけが漂い、悔しがるメンバーは1人もいなかった。

もちろんエラーをした先輩を責める者もいない。当たり前だ。1年生の時からべンチ入りして、チームの勝利に貢献してきた人だ。滅多にないエラーが、たまたまこの試合に出ただけだった。

帰り道、野球部の同級生が「次だね」と言った。俺たちには、あと2回、夏がある。

「いかにして長期的に身体をベースアップしていくか」

これから自分たちがチームの中心になるんだと考えたら、食トレセミナーの先生の言葉が思い出された。

先生は長期的視点で身体を整えることによって、強い土台を作ることを**「コンディショニング力」**と呼んだ。身体は骨、筋肉、水分、体脂肪で構成されている。このバランスが整っていることに加えて、全身機能に影響する腸の状態が整っていることが必要だと説明していた。

腸は栄養が体内に取り込まれる、いわゆる**栄養の入り口**だ。しかも免疫細胞の集合体であり、身体の免疫力にも影響しているらしい。「腸＝便」というイメージを持っていた俺は、腸を脇役扱いしていた。そんな立派な役割があるとは意外だった。もっと意外だったのは、新陳代謝のスピードが身体の部位によって異なることだった。

一番長いのは骨で、90日間。短いのは胃腸で、なんと5日で新しい細胞に生まれ変わる。

先生は「だからこそ、胃腸の調子を整えることが、身体の機能アップにつながっていく」と話してくれた。

俺はコンディショニング力を高めるために、セミナーを受講した日から実践していることがある。

よく噛んで食べることだ。

来年、再来年の夏。スタメンでグラウンドの土を踏むためには、技術も、メンタルも、身体も、今まで以上に鍛え上げなければならない。今日の帰り道に「次だね」と言ったチームメイトにも負けないように。

食べ物をよく噛むと、唾液と混ざり合い、胃に負担を掛けずに栄養を吸収しやすくできる、というのは、特に栄養学に詳しくない俺でも知っていた。しかし、噛むことで胃腸の筋肉が鍛えられるというのは、セミナーで初めて知った。時々、「胃腸が弱くて……」と青白い表情で腹痛を訴える友人がいるけれど、彼もよく噛んで食べたら胃腸が強くなるんだろうか。だとしたら、生まれつきだと思って諦めるのはまだ早い。

先生は身体機能の低下は、十分に栄養が摂れていないことも原因で、さらに食べても栄養不足になることがあると付け加えていたっけ。せっかく食べた物が身体に吸収されないなんてもったいない。消化吸収は胃腸の仕事だから、胃腸を強くするにはよく噛むことだ。先生が「胃腸の筋肉をトレーニングすると体幹も強くなる」なんて言うものだから、俺はさらにやる気になっていた。

母さんも、あれから具沢山みそ汁を毎日作り、サポートしてくれている。

食事も、大事なトレーニングの1つになった。

コラム
4

「コンディショニング力」とは

身体作りに欠かせない5つの力の2つ目、**「コンディショニング力」**について補足したいと思います。私たちは短いスタンスではなく、いかにして長いスパンでアスリートや子どもたちのパフォーマンスを上げていくかを考えます。長いスパンでパフォーマンスを上げるためには、ベストコンディションを持続できなければなりません。そのために知っておいてほしいことがあります。

・強い土台を作る＝競技者レベルを高めること

長期的なコンディショニング力を高めるには、**胃腸**を整えなければなりません。何度も繰り返しますが、しっかり噛んで食べて胃腸の力を高めると、消化吸収力が高まります。筋肉、骨、血液を作るたんぱく質の利用効率も上がります。新陳代謝も活発になるため、筋肉や骨の再生も促進されます。さらに、燃焼を助けるビタミン、ミネラルの吸収率もアップ。燃焼効率が上がり、カロリーが効率良く使われ、貧血の改善効果や血糖値の急上昇も防いでくれます。その他に、免疫力アップや自律神経のバランスが整うことで精神力の安定にも繋がります。

・唾液は筋肉も強くする

消化酵素がたくさん含まれている「唾液」は、消化吸収を助けます。唾液には消化吸収の補助以外にも意外な働きがあるので、ここで紹介します。

①胃腸の粘膜を保護する。
②唾液ホルモン中に筋肉や骨などの発育を促進する成長ホルモンの一種であるパロチンを含む。
③排出作用があり、デトックス力を高める。

唾液が筋肉にまで影響するというのは、初めて耳にする方も多いと思います。バテない身体作りのために、しっかり噛んで唾液をたくさん分泌し、消化を助けて食べた物を確実にエネルギーに変換できる胃腸にしましょう。

・整腸作用を高める食物繊維は「質と量」がカギ

腸内環境を整えるためにヨーグルトや乳酸菌飲料を加えるのもいいですが、まずは**腸内をしっかり掃除して、善玉菌を増やす**ことが先決です。つまり便を溜め込まないことが大事です。

善玉菌のエサとなり、腸内のお掃除役となるのが**「食物繊維」**です。食物繊維を多く含む食材には野菜、果物、穀類、海藻、豆類、いも類、キノコなどがあり、動物性食品にはほとんど含まれていません。

食物繊維強化のポイントは**「質と量」**です。まずは食事の回数を減らさず、質を下げないこと。単品メニューはできるだけ避けて、1日3回食べる。練習前後には補食も取る。食物繊維は野菜だけでは足りないので、アスリートはぜひ穀物で補ってほしいと思います。

米、食物繊維が多い雑穀をプラスすることが理想的です。ごはんはレジスタントスターチ（水に溶けないタイプのでんぷんで、体内では食物繊維として働きます）が豊富です。玄米もいいのですが、消化吸収に時間が掛かるのとスポーツをする人に必要なものまで排出してしまうので、米に雑穀を加えるのがいいと思います。雑穀は整腸作用が高くて、ごはんの力を何倍にもしてくれます。またみそや納豆、枝豆など、丸ごとの豆類も食物繊維が豊富です。

・「お便り」で自分の状態を知る。

便は、自分の今のコンディションをお知らせしてくれるバロメーターだと考えてください。消化吸収がきちんとできているか。腸内環境が整っているか。免疫機能が働いているのか。排出機能が正常に機能しているか、など。アスリートにとっては、どれも見逃せない項目です。理想的な便は切れずにスルッと出て、小ぶりなバナナ1本~2本分。色は濃い目の黄色で、悪臭はしません。回数とタイミングも必ずチェックすると自分の状態を知ることができます。

さて、やる気いっぱいの長男くんでしたが夏休み早々、1つの壁にぶち当たってしまったようです。壁とはなんでしょう?

次の日も戦える身体

3年生が引退して初めての練習試合が決まった。もしかしたらベンチ入りできるかも、と期待していたが、選ばれたのは俺ではなかった。「惜しかったな」。新主将になった先輩に肩を叩かれ、淡い希望を持っていたことがバレバレだったのかと恥ずかしくなったけれど、「惜しい」ということはもしかしたらギリギリのところで選ばれなかったのかもしれないと思った。だから希望を捨てず、まずは練習試合出場を目指して厳しさを増すメニューに必死についていった。

先輩が早く引退したこともあって、その年の夏は長く、湿り気のある重たい暑さがグラウンドにはびこっていた。

「疲労がパフォーマンス低下の原因になる」

セミナーで言っていた先生の言葉通りだと思った。連日の暑さと厳しい練習のせいか、部員全員の動きが鈍く感じた。スイングに力がなく、打球が思ったように飛ばない。ノックを受ける時の腰も高いから、簡単に球を後ろに逃してしまう。

練習後の後片付けにも時間が掛かり、余計に疲れが増している気がした。チームのムードも悪くて、活気が足りないと思う。

食事で疲労を回復しやすい状態を作るには、日々の積み重ねが大事だと先生は言っていた。そのつもりで食事に気を遣ってきたつもりの俺だけど、練習後はやはり疲れてしまう。気持ちも苛立って、自然に言葉遣いも行動も雑になる。

「まさか、そんな態度で練習してるんじゃないよね?」

俺のイライラをぶつけられた母がチクリと痛いところを突いてきて、さすがに「俺、やばい」と思った。

疲労は敵だ。

「疲れにくくするには、どんな食事が良かったんだっけ?」

苛立ちをぶつけてゴメンと謝る代わりに、一緒に考えてほしいという言葉でキッチンに漂う険悪なムードを消そうとした。

「雑穀ごはんと果物がいいって言ってたよね」

母も俺と喧嘩をする気はないらしい。声が前を向いていて、ホッとした。

コラム 5

「リカバリー力」とは

長期的に身体を整えていくことを「コンディショニング力」とお伝えしました。これともう一つ、短期的視点で身体を整え、回復力を高めることを「リカバリー力」と言います。

例えば、風邪を引いたとします。でも、明日はまた試合があります。そんな時、素早く身体の調子を戻す力、これが「リカバリー力」です。

多くのアスリートは大きな目標に向かって身体作りをしていきますが、日々の試合やトレーニングで疲労が溜まります。疲労が溜まるとパフォーマンスが低下したり、スランプに陥りやすくなり、故障やけがなどのトラブルの原因になります。また疲労により修復機能が低下してしまうので、けがが治りにくくなります。メンタルの不調や意識、モチベーションの低下が、疲労が原因というのはよくあることです。

回復、修復のスピードをアップさせるためには、日々の積み重ねが大切です。炭水化物やたんぱく質をしっかり摂って、食事面から疲労を回復しやすい状態を作ってください。その上で、リカバリーのコツは2つあります。

「疲労の回復」

「筋肉の修復」

この2点に力を注いでください。

1つ目の「疲労の回復」では、消耗したエネルギーを補います。**必要な栄養は炭水化物やクエン酸。食材としては、ビタミン、ミネラルが豊富な雑穀ごはんと吸収の早い果糖、疲労回復を助けてくれるクエン酸が豊富な果物**が適しており、おにぎりや100%のオレンジジュースがいいと言われるのは、ここに理由があります。

2つ目の「筋肉の修復」ですが、筋肉は激しい運動で損傷しています。そこで素早く修復に必要な栄養を摂らなければなりません。必要なのは、**筋肉を作るたんぱく質、ビタミンB群、ミネラルです。食材としては雑穀ごはんや肉、魚、卵、大豆**が適しています。

補足ですが、激しいトレーニングなどとは関係なく、**エネルギー不足型の筋肉疲労**というものもあります。エネルギーが不足すると、体内では筋肉や脂肪など身体の中にあるものをエネルギーとして利用します。すなわち、**エネルギーが不足することで疲労度が増すとともに、筋肉が分解されるのです。**

栄養不足による疲労の蓄積は身体機能の低下に直結するので、小さなお子さんの場合は、成長障害に繋がることも。だからこそ、しっかり食べさせることが大切なのです。

ごはんはどんなシーンにも必要なマルチ食材ですが、これをさらにパワーアップさせてくれるのが雑穀ごはんです。ごはんにはエネルギー源となる炭水化物が多く、筋肉を修復してくれるたんぱく質も含まれています。雑穀にはビタミン、ミネラル、食物繊維も多いので、米に雑穀を加えて炊いた雑穀ごはんは「食べるサプリメント」と呼ばれるほど大きな効果をもたらしてくれます。

長男くんから苛立ちをぶつけられたママさん。でも、ママさんは長男くんの最近の頑張りを見てきましたよね。さあ、ここがサポートのしどころですよ。

疲れを取る食事

私の目から見ても、最近の長男は頑張っている。いや、頑張り過ぎているかもしれない。疲れが抜けないらしく、イライラしているのはわかったが、それを私にぶつけても根本の問題は解決しない。なんとかしたいと思った。

だいたい疲労を回復しやすい身体は、一晩で作ることはできない。

エネルギー源である炭水化物のごはんやパン、麺、うどんを食べ、筋肉、骨、血液を作るたんぱく質をバランスよく摂る。これらを効率良く消化吸収して**「身体の土台」**を作るのが先だ。身体の土台ができて初めて、疲労を回復しやすくなる。食トレセミナーの先生はそう言っていた。

ただ、それを意識していても、実際に練習や試合が続くとどうしても疲労が溜まり、体調を崩しやすくなる。

「疲れにくくするには、どんな食事が良かったんだっけ？」

素直に謝る代わりに、長男がしおらしく聞いてきた。憎たらしくはあるものの、頑張りに免じて許してやろう。

「雑穀ごはんと果物がいいって言ってたよね」

私の返事に、長男はホッとした顔になる。

食事でフォローできるのは「疲労の回復」と「筋肉の修復」だ。

「100%のオレンジジュース、常備してくれる?」

もちろん。一緒にセミナーに行ったのだ。すでに買ってある。冷蔵庫から1リットルパックを取り出して、コップになみなみと注いだ。

筋肉の修復と疲労回復に必要なのは、と聞くと、懸命に記憶をたどっている。

「たんぱく質と……ビタミンB群。だったよね?」

「正解」

「こんな時は、やっぱ肉だろ!」

長男は急に弾んだ声を出した。肉がうれしいんだね。

「じゃ、餃子パーティー、しよっか!」

私はそう提案した。

ウチの家族は皆、餃子が大好きだ。ラーメン屋や中華料理屋の餃子じゃなくて、私の手作りの餃子。肉は豚肉のみ。キャベツや白菜、ニラ、ニンニクを刻んで、隠し味にしょうゆや砂糖やみそ、ごま油を加えてこねてあんを作り、5人家族で200個くらい包む。

大きなホットプレートで一気に焼くと、湯気と一緒に皆のテンションも一気に上がる。少食の次男も餃子ならごはんが進むようだし、長女もダイエットはどうするんだ、と思う食べっぷり。みんなの笑顔で私もうれしくなる。

よし、腕によりをかけるぞ。

「やった!」

喜ぶ長男に「ジュース、飲んじゃいなさい」と声を掛け、私は冷蔵庫を開けた。

今日はたまたまパパの帰宅も早くて、5人全員で食卓を囲むことになった。

皆で食べると余計、美味しい。

長男は雑穀ごはんを3杯おかわりした。次男は1杯と半分だけど、いつもより食べてくれた。長女にはちょっと食べ過ぎだから「調整しなさいよ」と言ったけれど、「餃子の日くらいいいじゃん」と全く気にする様子はなかった。久しぶりにみんなでよく笑い、よく食べた。

翌朝、起きてきた長男の顔から疲れが消えていた。餃子自体に即効性はないと思うけれど、「疲れにくい身体を作る」目的を思い出したことで、もう一度やる気が出てきたのだろう。

その後の様子を見ていても、帰宅するとそれなりに疲れてはいるものの、翌日に持ち越すようなことはなくなった気がする。

それから数日して、チャンスが舞い込んだらしい。

ベンチ入りしていたメンバーの1人が夏風邪を引いたとかで練習を休んだ。誰もがたいしたことない、次の日には良くなって練習に戻って来ると思ったそうだが、腹痛や下痢が続いているということで3日経っても復帰できなかった。

練習後に道具を片付けながら「夏風邪は長引くからなあ」と同級生たちと話していた時、長男はコーチに呼ばれて「代わりにベンチに入るか」と言われたそうだ。帰って来て、興奮気味に話してくれ、私も嬉しくなった。

風邪を引いてしまったメンバーにはかわいそうだけれど、彼にだってまだまだチャンスがあるはず。今回はコーチが長男を選んでくれたのだから、期待に応えられるようにしっかり調整のサポートをしてあげよう。

コーチの「練習試合とはいえ、新チームの初戦だから」という言葉に、長男は「勝とう、という響きを感じた」そうだ。

じゃ、疲れてなんかいられない。

今日はゆっくりお風呂に浸かろうね。

食事で栄養を摂るのは言うまでもなく、子どもたちの健康と成長のためには入浴や睡眠も大事。食トレセミナーの先生が、そう言ってたもんね。お湯に浸かってリラックスして、ぐっすり眠ろう。

ごはんがススム ぎょうざレシピ

材料(50個分)

豚ひき肉……300g
白菜(秋冬)/キャベツ(春夏)……1/4個
ニラ……1/2わ
ネギ……1本
玉ねぎ……1/2
にんにく
生姜
塩
砂糖
みそ
しょうゆ
片栗粉……各小さじ1
ごま油……大さじ1
こしょう……少々
餃子の皮……50枚

■作り方

1 キャベツまたは白菜は茹でてみじん切りにする。
2 他のすべての野菜もみじん切りにする。
3 すべての材料、調味料を白っぽくなり粘りが出るまで混ぜ合わせる。
4 **3**の餡を餃子の皮に包む。
5 フライパンで焼いて出来上がり。

【ポイント】

みそ、玉ねぎの甘みが出て、そのままでも美味しく食べられます。野菜が苦手な子どもたちにもオススメです。

コラム

6

「優先順位はまず寝る」

日々の生活で**「リカバリー力」**を身に付けるのに必要なことは、行動の優先順位を意識することです。

優先してほしい順番は、**睡眠、食事、入浴**です。

食事はただ、食べればいいというものではありません。どうせなら、美味しく食べたいもの。日々、美味しく食事をするためには、しっかり睡眠を取らなければなりませんし、お風呂に入って疲れを取ることも欠かせません。

睡眠はとても重要で、アスリートのパフォーマンスに直結します。睡眠の効果には疲労回復や身体の修復、脳のストレスの軽減があります。ですから質や深さ、寝るタイミングにも気を配ってください。いかに深い眠りでぐっすり眠るかが大事です。

人はレム睡眠とノンレム睡眠を90～120分の間でくり返します。この深い眠りのノンレム睡眠をきちんと取ることで疲れが癒され、食事をきちんとできるように身体が整います。睡眠と食事の両面からアプローチできれば、疲労回復もグンと早くなります。

睡眠の質を上げるための改善ポイントをいくつかご紹介します。

- **環境を変える。**
- **寝る前の時間を大切にする。**
- **起きた時の行動でリズムを作る。**

主にこの3つです。

1つ目の「環境を変える」ですが、枕や寝具を工夫したり、部屋の明るさを真っ暗にしてみると効果があります。

2つ目の「寝る前の時間を大切にする」は、外部刺激を受けないようにすること。携帯電話やパソコンのブルーライトは安眠の妨げになりますし、テレビを見たり、ハードな音楽を聴かないようにしてほしいですね。カフェインや寝る直前の飲食を避けて、内臓を疲れさせないようにすること。激しい運動も眠りを妨げます。

効果的なのはストレッチなどの軽い運動です。メンタル面も重要で、ネガティブな発想をせず、成功イメージを持って就寝すること。
3つ目の「起きた時の行動でリズムを作る」は、朝は決まった時間に起き、すぐに朝日を浴びることを習慣付けるのが大切です。

そして**入浴**。アスリートにとって、コンディションを整えるための大事なポイントです。身体の汚れを洗い流し、疲労を取り除く意識を持ってください。
入浴の効果には疲労回復、身体の修復、代謝アップ、免疫力アップなどがあります。さらに睡眠を促して睡眠の質を改善し、湯船に浸かって水流や水圧を感じることで心肺機能を高めます。これらは強い身体を作るために必要なこと。時間帯によって、効果は異なりますので覚えておいてください。
夜の入浴は体温を上げ、そこから体温が低下していく流れで入眠しやすくしてくれます。
体温が低い**朝の入浴**は、体温を上げることで身体が活性化され、ストレスへの耐性もできます。

最近では「**ヒートショックプロテイン**」という効果も注目されています。

アスリートにはお馴染みのプロテインは、体内で活発に活動するたんぱく質のことです。熱い湯に浸かった熱のショックが、ストレスや激しい運動で傷んだ筋肉などのたんぱく質を修復し、疲労回復のスピードを比較的速くすると言われています。筋肉だけでなく、酵素やコラーゲンなどのたんぱく質も修復するので、美肌や風邪、生活習慣の予防、ガンの予防としても効果的だという説もあります。

ヒートショックプロテインを促す入浴法は、42度の風呂に合計約10分間浸かるもの。熱いと感じたら無理をせず、何回かに分けて湯船に浸かれば大丈夫です。毎日入る必要もありません。

激しいトレーニングをした後は、身体のヒートショックプロテイン効果は上がりやすいそうです。週2、3回で効果がありますので、ぜひお試しを。ただ、極度の疲労感がある時は控えるようにしてください。

私たちの身体は、日々修復と回復をくり返しています。

リカバリー力を高めるためには、食事、睡眠、入浴など生活習慣を見直し、生活の基本を整えることが重要なのです。

「食べるを変える」には睡眠、入浴も大切

第2章
文武両道を目指す13歳

食の細い次男の〝改革〟

甲子園を目指して身体を大きく、強くしたい長男に誘われて参加した食トレセミナーをきっかけに、私はようやく自分の役目に気が付いた。

食事はただ作ればいいわけじゃない。栄養面をいくら考えて作っても、それを受け取る身体ができていなければなんの効果もない。両方がそろって初めて、子どもたちの身体と心が整うのだ。

長男は壁にぶち当たりながらではあるけれど、自分で自分の身体のことを考えられるようになってきた。

さあ、今度は次男のフォローだ。この子は勉強もまずまずだし、スポーツも得意。その点は、ほとんど手が掛からなかった。

ところが、とにかく食が細い。食べること自体に興味がないのだ。

私の母（次男にとっては祖母）が握ってくれる小さなおにぎりだけは喜んで食べたけれど、それでもうお腹いっぱい。大好きなキャラクターの付いた食器なら食に興味を持つかも、といろいろ買ってみてもダメ。あまりに食べないから病気になるんじゃないかと心配して、こっちの具合が悪くなったほどだ。

平均より痩せてはいるものの、小学校までは運動も勉強の成績も良かった。身体が軽いのがいいのか、足も速い。運動会ではヒーローになる。部活動のサッカーでもフォワードを任されていて、ゴールも決められる。だから何度「食べないと勉強も、サッカーも上達しないよ」と言っても、聞く耳を持たなかった。

それが、中学受験に失敗したのを機に少しずつ、歯車が狂い出している。

長男くんで手応えを得たママさん、次男くんの改革に燃えていますね。ところで、次男くんの身になにが起きているのでしょうか?

成績も体力も急降下

僕は中学生。勉強も好きだし、サッカーも好き。運動会とかでは、結構活躍もしてきた。それなのに、お母さんには「なんでそんなに食事に興味がないの？」と言われ続ける。なんで食べなきゃいけないのか、わかんないんだよね。

小さい頃から野球を続けているお兄ちゃんが高校に入ってから、お母さんの「食べなさい」攻撃は激しくなった。朝から大きい茶碗に山盛りのごはんを食べるお兄ちゃんを見ていると、それだけでお腹いっぱいになる。僕は茶碗１杯のごはんを食べれば、それで十分なのに。

中学校は地元の公立校に通っている。仲がいい友達が中学受験をするって聞いたから、僕も受験してみたいと思って塾に通った。成績は良かったし、受かるんじゃないかなと思っていた。

だけど、落ちた。

というか、１校だけ受けて、その後は風邪を引いてしまって受験できなかったんだ。「あと、ちょっとだったのに」とお父さんもお母さんも残念がって、僕を心配してくれたけど、塾に毎日通って、いっぱい宿題があって「もう勉強したくない」と思っていたから、受験できなくなっても全然悔しくなかった。ま、いいか、という感じ。だから受験当日はベッドの中でこっそりゲームをしていた。

公立の中学校は楽しい。小学校からの友だちはそのままだし、幼稚園で一緒だった子にも再会できた。初めて同じ学校に通うことになった子とも、すぐに仲良くなった。

それに最初の定期テストがすごく簡単だったんだ。中学受験勉強をしてきたお陰だ。数学は96点。英語は94点。そのほかの3教科も85点以上で、学年10位以内に入った。

部活動は小学校時代の仲間と一緒にサッカー部に入った。部員は、クラブチームで本格的にサッカーをしていた2人を除いて、小学校の部活動程度の経験しかなかったから、実力は皆同じくらいだった。足が速くてフォワード経験がある僕は重宝され、入部して間もないのにBチームで早速、練習試合に出場することができた。

しかし、そんな楽しい中学生活はたった2ヶ月で、「あれ?」って戸惑うほど変化してしまった。

期末テストの結果が散々だったんだ。1ケタだった成績は30番台に一気に落ちた。成績表を見せると、お母さんは渋い顔をした。怒られると思った。しかし、お母さんは手に持っていた成績表をダイニングテーブルに置いて言った。

「しっかり食べなさい」

食べる? 食べることが成績となんの関係があるんだ? 怒られると思っていた僕は驚いて、返事ができなかった。

「あんたは体力がない」

お母さんは急に、先日のサッカーの練習試合の話をし出した。せっかくスタメンで試合に出してもらったのに、最後まで走り切れていない。せっかく持たせた弁当は食べ切っていない。帰宅後も疲れて勉強していない、と。

学校の成績が悪かった上、サッカーの話まで持ち出されるとは最悪だ。「サッカーは関係ないじゃん」と思いつつ、心当たりはあった。

実は6月に入ってから練習がきつく感じるようになっていた。入部したばかりの頃は新入生ということで別メニューだったけれど、だんだん先輩と同じ練習をやるようになって、最近はついていくのに必死だった(ほぼ、ついていけなかった)。特にきつかったのはランニングだ。学校の外周を何周も走り、多い時で10キロは走った。陸上部よりも走ってるんじゃないかと思うほど、ほぼ毎日ランニングメニューがあり、クタクタになった僕は家に帰ってからほとんど勉強ができなかった。

「ごはんを食べれば、成績も上がるの?」

お母さんの返事は「たぶんね」だった。「また思い付き?」と僕は半信半疑だったけれど、体力がないのは実感しているし、なにより、もう少し大きな身体になりたかった。そういえば、食トレのセミナーに行ってから、お兄ちゃんは1つ上のチームの練習試合に出られたって聞いた。

ここはお母さんの言う通り、ごはんをしっかり食べてみようか。

コラム 7

「必要な栄養素の〝優先順位〟を明確に」

おお、次男くんもついに頑張る気になりましたね。良かった、良かった。ママさんも腕が鳴っているようです。

さて、義務教育では、一般的な栄養には「3つの役割」があると学びます。

・エネルギー源になる食品群（ごはん、パン、麺、いも類、油、砂糖など）
・筋肉、骨、血液を作る食品群（肉、魚、卵、大豆、海藻、乳製品など）
・体の調子を整える食品群（野菜、海藻、キノコ、果物など）

学校給食ではこの3つの役割を基に、すべてをバランスよく摂れるような献立が作られているのです。

では、スポーツ栄養ではどうでしょう。

エネルギー源になる「主食」
筋肉、骨、血液を作る「主菜」
そして塩分、水分、野菜が摂れる「汁物」
全体のバランスを整える副栄養素を摂るための「副菜」
そしてこちらも筋肉、骨、血液を作ってくれる「乳製品」
エネルギー源となり、疲労も回復してくれる「果物」

この「基本のフルコース」を食卓にそろえることが大事ですよというのが、スポーツ栄養学の基本になっています。

ところが、忙しいお母さんにとって毎日、毎日、フルコースを用意するのはとても大変。いいとわかっていても、それを実行できないと意味ありません。できないことがストレスになってしまうようでは、本末転倒です。

そこで、栄養素の優先順位を明確にして、忙しいお母さんでも可能な食事サポートを実現するのが「食アススタイル」なのです。

私たちがおススメする優先順位は

ごはん6割に対して、おかずが4割。


本書で何度もくり返していますが、まずは**ごはんをしっかり食べること。**

学校給食の献立の基本になっている「エネルギー源になる食品群」のごはん、スポーツ栄養の「基本のフルコース」の主食のごはん。これを最優先に考えます。

毎日の食事は、**ごはんがメインの一汁一菜**でいいんです。

その代わり、汁を具沢山にして、スポーツをする子どもたちに必要なバランスを整えていきます。そして補食で牛乳や果物をプラスしていきます。


それでは、小食の次男くんとママさんの〝戦い〟が始まります。

11
11
10
10

一口ずつ増やす次男の「ごはん革命」

食事を改革するにあたり、最初に次男に勧めたのは「ごはんの量を増やすこと」だった。

起き抜けの朝は、見るからに食欲が湧いていない。ごはんは2口食べれば「もういい」という感じで、お茶わんをよけてしまう子だ。私が「ごはんの量を増やそう」と言うと、次男は「まさかお兄ちゃんみたいにがっつり食べさせられるの」と不安そうな顔付きになった。

できることならそうしたいが、食トレセミナーの先生の言葉を思い出し、ぐっとこらえる。きちんと消化できるだけの胃腸が鍛えられていないのに、いきなり大量の食事を取っても身体のためにならない。

次男の茶わんに軽～く、ふんわりと炊きたてのごはんを盛って、テーブルに置いた。「増やそう」と言ったのに、いつもと同じかむしろ少ないくらいの量。

「これでいいの?」

不思議そうに次男が聞く。

「この量を、しっかり噛んで食べてね」

私はそう言って、具沢山のみそ汁を茶わんの横に並べた。


次の日は、ごはんの量を一口分だけ増やした。

その次の日は、もう一口分だけ増やした。


今のところ、次男は残さずに食べられている。

「どうしても食べられなかったら、おかずは残していいけど、みそ汁は残さないでね」

プレッシャーにならないように、逃げ道は残しておく。ただし、具沢山のみそ汁は身体の土台になるからということは、何度も繰り返した。賢い子なので、それは理解してくれると思う。

よく噛むというのは、いつまでも口の中でモグモグしていることにつながる。それだと飲み込む前に食べた気になって、すぐにお腹いっぱいになっちゃうんじゃないか、という疑問は残る。しかも、朝は忙しい。ゆっくり食べている時間がない。だけど、このやり方で、長男は少しずつではあるけれど、体力が付いてきたように思う。それなら次男にも効果はあるはずだ。

ただでさえ食事に興味のない次男は「よく噛んで食べる」こと自体が面倒くさそうだったので、しっかり見張った。私の視線に負けたのか、いつもよりはゆっくりと噛んで食べてくれているようだ。

2週間くらい経った頃だろうか。

次男のごはんは茶碗がふっくら山盛りになるくらいになった。

最初はどうなるかなと思ったものだが、今では無理をしなくても食べられるようになっている。それどころか、起きるとすぐに「お腹すいた!」と言ってくるではないか。

ごはんの炊けるにおい。

みそ汁のだし汁の香り。

次男にはまだマネできない「山盛りごはん」をバクバクと、美味しそうに頬張る長男の食べ方。

そんなものも、食欲をかき立てるらしい。

「なんかさ、自分の部屋からダイニングに行くと、どんどんお腹がすいてくるんだよ」

次男の言葉にうれしくなって、私はにんまりした。

「胃腸の力が鍛えられてきたんだね」

私の言葉に、次男もにんまりした。

コラム 8

「ジュニアアスリートの土台作り」

中学生までの身体の成長は、個人差が大きいです。どんなに体重を増やしたいと思っても、増えない子もいます。どんなに背を伸ばしたいと思っても、伸びない子もいます。これは、当たり前のこと。成長期が違うからです。

そんなジュニアアスリート（小、中学生）時代に身に付けておかなければいけないのは、しっかり食べることによって**「食べる力」を付けること**です。必要な量を食べられる力、それを消化、吸収できる胃腸力が、高校生以降の身体作りに役立ちます。

食べる力＝土台がしっかりできていれば、競技のスキルアップをしようとする時、チームで戦っていく時に、競技だけに集中することができます。

逆に言うと、食べる力が備わっていないと、必要な食事量を食べ、それを消化、吸収するトレーニングから始めなければならなくなります。

スタートが全く違ってしまうとわかりますよね。高校生活は時間が限られていますから、もったいないです。

ジュニア時代は土台を作ることが大事。

まずは食べられる身体を作ることが大切。

だからこそ、食アスリート協会が最優先したい食材の「ごはん」を、しっかり食べることをおススメします。

ママさん&次男くんは「食事革命」を着々と進めていますが、生活が乱れがちな夏休みに突入したようです。どうなるのでしょうか。

夏休みの目標は「早く寝る」

夏休みが始まった。

子どもたちは嬉しいだろうが、私にとっては余計な家事が増えるから大変でしかない。ちょっと油断すると、子どもたちの生活リズムも狂う。せっかくここまで食生活、睡眠を整えるよう一緒に努力してきたのだから、ここで後戻りはしたくない。しっかり見張ろうと決めた。

特に次男だ。長男は夏休みといっても、野球部の練習があるからそれほど乱れることはないだろう。だけど次男は、小学4年生から中学受験のために塾に通ってきた。夏休みや冬休みは毎日、勉強だった。それが終わって「思い切り遊べるぞ」と思っているはず。

ただし、現実はそんなに甘くはない。サッカー部の練習は毎日あるし、塾の夏期講習も受けさせている。

平日のスケジュールは、ざっとこんな感じだ。

7時　起床・朝食
8時　部活の練習
11時　帰宅・シャワー
12時　昼食
14時　塾の夏期講習
18時　帰宅
19時　夕飯
20時　風呂

とても規則正しく生活しているじゃないかと思われるかもしれないが、夏休みに入ってすぐに私は次男にカミナリを落とした。

「夏休みだからって夜更かししないで!」

部活動は午前中だけ。登校時間よりも練習開始の方が遅いから、夜は遅くなっても構わない。少々寝不足でも2時間くらいの練習は耐えられるし、眠くなったら昼寝でもすればいい。宿題もあるけれど、夏休みはまだ始まったばかりだし、明日やればいいか。そんな態度が見え見えだったからだ。

中学生になってから買い与えたスマホで動画を見たり、友だちに誘われてオンラインゲームまでしているようだった。気が付くと、午前0時を回っているというのに部屋で物音がする。

「そんな生活じゃ大きくなれない」
「食事を変えても、だらしない生活じゃ意味ない」
「ゲームをやりたければ、朝早く起きてやれ」

矢継ぎ早に注意すると、ゲームをしていたことを叱られたと思っていた次男が目を丸くした。ゲームのやり過ぎは確かに良くないと思うが、それよりなにより睡眠時間が削られたり、質が落ちたりするのがダメなのだ。

「お兄ちゃんも『寝てる時に大きくなるんだぞ』って、言ってたでしょう」

次男はこの頃、肩幅が急に大きくなった長男のことをまぶしそうに見ている。

「お兄ちゃんが夜更かししているところ、見たことある?」

そう言うと、次男は黙ってゲームをやめた。

もともとゲーム自体、あまり興味のない子だ。中学受験で気が張っていた分、久しぶりに自由な時間がたっぷりできて持て余していたのだろう。

「遅くても午後11時には寝るようにしようね」

次男は素直にうなずいて、寝る支度を始めた。

コラム 9

「牛乳の必要性」

成長期に必要だと言われている牛乳に関しては、いろいろな考え方があります。食アスリート協会では、必ず必要なものとは伝えていません。

しかし、乳製品が成長期の子どもたちの身体にとって、重要な栄養の1つであることは間違いありません。

日本人はもともと乳糖を分解できない体質の人が多いので、乳製品が身体に合わないと言われています。それでも、成長期には筋肉、骨、血液を作る基となる乳製品を摂ることは大事だと思うのです。

ちなみに学校給食で牛乳が用意されるのは、牛乳を加えることで献立のバランスが整うからです。牛乳には筋肉、骨、血液を作るたんぱく質やカルシウム、ビタミン、ミネラルが豊富です。

飲み過ぎはいけません（どんなにいいものでも、飲み過ぎ、食べ過ぎは身体のために良くありません）が、1日コップ1杯～2杯、中、高生になったら1日コップ

3杯くらい飲むといいでしょう。

牛乳が、強い骨と強い筋肉を作ります。身体をたくさん動かす成長期のアスリートにとっては、やはり有効だと思っています。

ママさんと二人三脚で食生活の改善を始めた次男くん。生活のリズムを整えることも覚えました。その後の次男くんの様子を見てみましょう。

勉強もスポーツもできたらかっこいい

夏休み中は練習と試合が続いた。

野球をやっているお兄ちゃんは弁当以外にも、練習前後に食べるおにぎりを持たされていたけれど、僕は持って行っていなかった。でも夏休みに入ると、お母さんが「あなたも持って行きなさい」とおにぎりを2個用意してくれた。

サッカーの試合はいつも現地集合、現地解散だ。近所に住む仲間と一緒に自転車で行ったり、電車を使ったりして会場になっている中学校に向かう。顧問の先生が用意してくれるプリントには、集合時間、アップ時間、試合時間が書いてあるだけで、昼食時間は自由だ。集合時間に応じて昼食を食べてから出掛けたり、現地で時間を見付けてお弁当を食べたりしている。

僕はお昼ご飯を食べて出かけた日でも、アップの前におにぎりを1個食べるようになった。

「ごはん、食べて来なかったの?」

仲間に聞かれた時は、「これはおやつ」と答えた。

試合後にも1個おにぎりを食べた。

練習後のおにぎりは、夏は正直苦しかったが、秋になる頃には当たり前に食べられるようになり、美味しいとまで感じられるようになった。

練習試合はAチーム戦とBチーム戦がある。僕が出場するのはBチーム戦だけど、Aチーム戦の手伝いはしなくてはいけない。真夏の炎天下で2試合もあるとすごく疲れる。暑さで具合を悪くする仲間もたくさんいて、僕もその一人になりそうな気がしたけれど、なんとか頑張れたのはおにぎりのお陰かもしれない。

お母さんは**「喉が乾いてからでは遅いんだよ。その前に飲んでね」**と水筒にたっぷりの麦茶を用意してくれる。1年生の僕たちは練習用ボールや練習試合用のビブスなどを分担して運んでいたので、さらに2リットルの水筒を持っていくのは重たかったけれど、帰りにはすっかり空っぽになっていた。

お母さんが持たせてくれるのは麦茶が多い。麦茶はミネラルが豊富でカフェインが含まれていないから、スポーツをする子どもにおススメなんだそう。僕は緑茶も好きだから冷たいお茶でもいいのにな、と思うんだけど、緑茶はカフェインが多くて利尿作用（おしっこを出す作用）があるんだって。普段の水分補給にはいいけれど、練習の時は麦茶の方がいいみたい。確かにしょっちゅうトイレに行くんじゃ、練習に集中できないもんね。サッカー部では時々、スポーツドリンクの差し入れがあって飲む。これも汗で失った塩分とかミネラルを補うのにはいいんだって。確かにいっぱい練習した後は、とても美味しいと思う。

水分補給のタイミング

練習前

- **30分までに250～500mlの水や麦茶をゆっくり飲む**
  - 練習直前に水分をとりすぎると胃が重くなり運動の妨げとなる

練習中

- **めやすは15分–20分ごとに水やスポーツドリンクを1口、2口（50ml～100ml）くらい飲む**
  - 一度に大量の水分摂取は吸収されにくい

練習後

- **スポーツドリンクで失われた糖質と電解質（ナトリウム、カリウム）を補給**
  - 甘い飲み物を飲みすぎると食欲がなくなってしまう
  - コップ1～2杯程度で、後は水か麦茶

勉強の方はというと、夏期講習とは別に、夜はいつも通り塾の授業が週2回あった。

当然、試合の日と重なることもある。

試合から帰ってきて、シャワーを浴びて、大急ぎで夕飯を食べて、塾に向かうなんて無理だ。こんなに暑い日に試合をしてきたんだ。そんな体力は残ってない。

だから、試合があった日は塾を休む気満々だったのに、お母さんは認めてくれなかった。一番、許してくれなかったのは、お兄ちゃんだった。

「試合があったから塾に行かないなんて、ありえねぇ」

低い声で脅してきた。夏になって、ますます真っ黒になってるから迫力がある。

思わず目を伏せた。

「お兄ちゃんはともかく、僕は無理だよね」

横目でチラッとお母さんを見て、助けを求めたけれど無駄だった。お母さんは「そうね」とは言ってくれなかった。

お兄ちゃんの手前、僕だけを甘やかすことができないんだろうなと察して、諦めて家を出た。お母さんは「お腹がすいたら食べなさい」とおにぎりを作ってカバンに入れてくれた。

塾に向かって自転車を漕ぎながらつぶやいた。

部活で疲れているんだから、勉強のことは少しくらい大目に見てくれてもいいじゃないか。まだ中学1年生なんだから、勉強もスポーツも両方とも頑張るなんてできないよ。

そこまで文句を言ったところで、ふと思った。

お兄ちゃんが中学1年生の時はどうだったんだろう？

今できないことは、いつかできるようになるのかな？

だとしたら、それはいつなのかな？

僕は小学生の時から特別に勉強しなくてもテストでは点数が取れたし、スポーツもできる方だった。中学受験で勉強を頑張ったけれど、よく考えてみると勉強が好きでしていたのか自分でもわからない。今でも、勉強も、サッカーも、僕が本当にやりたいことなのかどうかわからない。自分から、夢中になって取り組んだ物はなかった気がする。

「こんなんじゃ、いつかできるようになる、と思ってるだけで、どうせそのままなんだろうな」

でも、それで本当にいいんだろうか。

そういえば毎朝、ごはんを一口ずつ多くして、よく噛んで食べるようになったら、朝食が楽しみになった。力が湧いてくるイメージができるようになった。

試合前に、お母さんが持たせてくれたおにぎりを食べると「今日はやってやる」と気持ちが盛り上がった。

そうだよ。今、やるんだ。僕だってできる。

中学3年生まで部活動を続けたら、試合があって塾がある日なんて、きっといっぱいある。その度に、お母さんに「休んでもいい？」と聞いて、休んで楽をしてしまったら、どうなっちゃうんだろう？

僕は、自転車のペダルを思い切り踏んだ。


塾に着いたらすぐに、おにぎりを食べよう。

試合で疲れてるけど、頑張ろう。

そして「塾から帰ったらすぐに食べるから、フルーツを切っておいてね」って、お母さんにメールしよう。

勉強ができて、サッカーもできるなんて、かっこいいじゃん。

なんだか、楽しくなってきた！

コラム 10

「3度の食事＋補食で成長期の身体機能を高める」

それではここで、少しまとめてみましょう。

食アス物語に登場した高校1年生の長男くんは、身体を大きくしたいという強い意思を持っていて、毎日、**補食**（おにぎりやバナナなど）を学校に持参していました。お陰でみるみる大きくなっているようですね。

夏休みになると、スタミナ不足で勉強もサッカーの成績も振るわなくなってきた中学1年生の次男くんも、部活動や塾に補食を持って行くようになりました。

体力の消耗が激しい夏は、いつもよりたくさんのエネルギーを消耗します。身体のでき上がっていない中学生はまだいいかと思うかもしれませんが、やはり3度の食事では必要な栄養素を補い切れません。

ましてや次男くんは、食が細いタイプです。1回の食事量が十分でないなら、3回と言わず数回に分けて食べるといいでしょう。物語に登場したママさんのように、補食を持たせてあげてください。これは夏休みなど長期休暇に限ったことではありません。普段からそういう習慣を付けるといいでしょう。

補食といっても、なにを持たせたらいいのと思う保護者の方は多いですよね。

補食として最適なのは「おにぎり」です。

さらに、運動前と運動後に分けて食べるのが理想的。
試合前や練習前には「梅干し」のおにぎり。
試合後、練習後に食べるのは「鮭」のおにぎりがおススメです。

また、食べるタイミングが大切です。タイミング次第で、疲労回復の速さや度合いが変わってくるのが補食です。

運動前は、エネルギーを補給して、体内に必要な燃料が蓄積された状態にしておくことが重要。「梅干しのおにぎり」がいいのは、エネルギー源になる炭水化物（ごはん）と炭水化物を効率よくエネルギーに変えてくれる「クエン酸」が含まれるからです。

運動後は、筋肉を修復する材料が体内に不足していると修復できないので、材料の補給が先決。運動で失ったエネルギーを補い、傷んだ筋肉を補修するための「エネルギー＋たんぱく質」が含まれるものが必要です。つまり炭水化物（ごはん）とたんぱく質（鮭）がいいわけです。運動後に消耗した筋肉や骨が修復されないままだと、身体の疲労度は大きくなります。疲労は免疫力や集中力の低下を招き、けがや故障、病気などのリスクも高くなります。

不足した材料は速やかに補うようにしたいですね。

おにぎりって奥深い！　一般社団法人おにぎり協会

食アスリート協会が補食としておススメする「おにぎり」には、歴史とパワーがぎっしり詰まっています。だからこそ、皆さんに活用していただきたい！

そこで**一般社団法人おにぎり協会代表理事・中村祐介さん**に、その〝魅力〟を教えていただきました。

おにぎり協会は、日本の和食文化をおにぎりを通じて国内外に広める活動をしています。2015年のミラノ国際博覧会（ミラノ万博）では、代表の私がオフィシャルサポーターとなり、現地でおにぎりのデモンストレーションを行いました。おにぎりの魅力はなんといっても、その多様性と度量の大きさにあります。日本だけでなく海外の食材さえも、おにぎりにすることで、**ワンハンドで手軽に食べられる和食**にしてしまいます。

本書で登場するのは**「補食」**としてですが、おにぎりは古くから**「勝負飯」**として存在していました。戦国時代にはサムライが携行食として用い、戦時には陸海軍が利用しました。現代でも受験勉強や運動会など、日本人が勝負をする時、手軽にエネルギーを摂取できる**パワーフード**としてそばにい続けたのです。

そんなおにぎりも、今では「作る物」から「買う物」へと主流が変化しつつあります。母親らが作ってくれたおにぎりがもちろん一番美味しいと思いますが、多くの人は近くのコンビニエンスストアやお惣菜屋さんでおにぎりを買っているのではないでしょうか？

そんな方におススメしたいのは、そこから一歩進んで、専門店でおにぎりを買ってみることです。**専門店では、握りたてで、余計な物が一切入っていないおにぎりが手に入ります。**東京であれば、ミシュランガイド東京2019にも掲載された**浅草の「おにぎり浅草宿六」、大塚の「ぼんご」、十条の「蒲田屋」**などが老舗です。

全国にこうしたおにぎり屋さんはあります。ぜひ足を運んで味わってみてください。これまでとは違うおにぎりの楽しみ方を発見できるかもしれません。

コラム 11

「普段の食事でも〝水分補給〟を意識」

補食に加え、**「水分不足」もアスリートにとって重要な問題です。**

特に身体機能が十分に発達していないジュニアアスリートは、大人以上に熱中症や脱水症状を起こしやすく、疲労回復にも時間が掛かります。

体内の水分の総量は「体重の2／3」です。

これが食べ物を溶かし、運搬する作業や体温保持に必要な量なのです。

運動中の発汗は1時間に1〜1・5リットルと言われています。それを頭に置き、運動前から水分を摂取してパフォーマンス維持に努めてほしいですね。

水分摂取でさらに大切なのは、**「食事からの水分摂取」を重視すること。**

細胞内の水分量を常に一定にし、しっかり潤いを与えるのは、運動時の水分摂取ではなく、日々の食習慣です。

理想的なのは**「たっぷりのごはんと具沢山のみそ汁」**からの水分摂取です。ごはんはパンに比べて水分量が多く、みそ汁には水分に加えて塩分やミネラルも含まれます。

食事から十分に水分摂取をしておくことが、熱中症や脱水症状の予防に繋がり、環境に強いアスリートを育てます。

それでは物語を進めましょう。

第3章では、体型が気になり出した長女さんの生活を見ていきます。

第3章
キレイになりたい社会人1年生22歳

痩せたいなら食べなさい

太った。

この春、就職した長女のことだ。

通信機器メーカーに入社し、営業部に配属されて4か月。仕事は男性営業マンのサポートが中心で、営業報告書をまとめたり、出張経費を計算したり。最近、先輩に手伝ってもらいながら初めて営業資料を作らせてもらえたのが「嬉しかった」と言う。

職場の人たちは皆とてもいい人で、指導してくれる女性の先輩はいつも「そんなに頑張らなくていいよ」と長女の仕事を褒めてくれるとか。いい職場に巡り合えたようで、親としてホッとしている。

長女は面長のせいか、痩せ型に見られがち。ダイエットの話になっても「あなたは痩せてるからいいよね」と言われてきたタイプで、確かにお肉がプヨプヨするような太り方をしたことない。まあ、今どきの若い女の子たちは私から見ると細過ぎるから、ちょっと太ったかなくらいでちょうどいいのではと思っていた。長女もあまり気にしていなかった。

が、最近は明らかにふっくらしてきた。

ちょっと気を付けなさいよ、と言おうかどうか迷っていたある日の夜、長女は帰宅するなりため息をついた。

「どうしたの？」

「うん。今日のランチタイムにね、先輩と一緒にコンビニにお昼を買いに行ったんだけど……」

長女の会社は、社員は50人くらいで、今年の新入社員は長女と男性2人の3人だけだ。男性は東京の営業所勤務になったから、本社の新人は長女1人。先輩たちは優しいけれど、仕事を離れるとなにを話したらいいのか悩むのだそう。本人は会話を途切らせたくなくて「最近、太っちゃったんです」とつぶやいてみたら、思いっ切りうなずかれてしまったと言う。

以下は長女の話だ。

先輩はいつも私の話に合わせてくれるから「え？　やばいじゃん。何キロ増えたの？」と聞かれた時も、適当に「3キロくらいですかね。ちゃんと体重計に乗ってないからわからないですけど…」って答えた。

そしたら先輩から思わぬ追い討ちをかけられちゃった。

「いや、もう少し増えていると思うな。入社したときは〝かわいい子が入ってきた〟と思ったんだよ。でも最近ちょっと目が小さくなった気がする。もしかして顔にお肉が付いちゃうタイプとか？　やばいよ、やばい」

マジか……。

すごく優しい先輩だと思っていたのに、結構言う。さらに、これがいいんじゃないって「サラダチキン」と書いてあるパック惣菜を指差した。私が手にしていたのは、おにぎり2個と食後に食べようと思っていたプリン。レジで唐揚げも買うつもりだった。

先輩はホントに親切。だから、サラダチキンを買ったほうがいいのかな？　でもコレ、パックから出してそのままかぶりつくの？　ああ、変なこと言わなきゃよかったな……ってうつむいた。そしたら先輩が慌ててフォローしてくれた。

「あ、でも可愛いよ。それは変わらない」

気を遣いまくりのこの言葉が、とどめになった。

私、マジで太ったんだ。

先輩に悪気がないってわかっているから怒れない。

痩せよう。

コンビニのレジでカップラーメンを買う先輩の後ろ姿に誓ったんだ。

のんきな長女には珍しく、落ち込んでいる。

私は今、彼女が気にしている部分を聞いてみた。

「太ももかな」

確かに長女は昔から、太る時はお尻や太ももが大きくなる傾向があった。体重が増えるとジーンズが履きづらくなると話していたが、勤めている会社は制服があるから気付きにくかったのだろう。

「あと、制服が事務職っぽい中途半端な丈のタイトスカートなんだよね。最近、座ってるときつく感じるようになったの。ウエストを境に下腹もぽっこり出てきちゃって」

長女と話していると、お風呂に入っていた長男がバスタオルで額の汗を拭きながらダイニングルームに入ってきた。

「姉ちゃん、お帰り」

それだけ言うと冷蔵庫に向かい、デザートと牛乳を取り出してテーブルに着いた。デザートは長男のリクエストで用意した、バナナ、オレンジなどのフルーツにグラノーラを混ぜたもの。これに牛乳をかけて食べるのだ。

「私、夕食いらない」

美味しそうにデザートを平らげる長男をうらめしそうに見て、長女が言う。

「なに？　お友だちと食べてきたの？」

「ううん。食べてないけどやめとく」

長男が笑いながら長女を見上げる。

「姉ちゃん、まさかダイエットとか？」

「は？　違うし」

長女は嘘が下手くそだ。速攻で、しかも怒ったように返したら「そうです」と言っているようなものだろう。まあ、長男にも次男にも、私が食べろ、食べろとけしかけているから、ダイエットなんてとんでもないと叱られると思ったに違いない。

まったく手の掛かる子だ。

「だったら、なおさら食べないと」

私の提案に、長女は吹き出しそうになるくらい大きく目を見開いた。

「なに言ってんの？」

「痩せたいなら食べなさい」

私はもう一度、繰り返した。

コラム 12

「体重をバロメーターにしない」

女性にとって「太る」、「痩せる」というのは深刻な問題です。

この時に、多くの人がバロメーターにしているのが**「体重」**です。

第1、2章の中、高校生の物語で「体重を増やすためには食事が大事」と述べてきましたが、**「体重を減らす場合も食事が大切」**なのです。

まず、体重とはなんでしょうか。

それは骨、筋肉、水分、体脂肪、食べた物の重さです。

太った、痩せたを考える時、重さを構成している部位を知らなければなりません。

体重計の数字そのものにこだわり過ぎると、ダイエットの落とし穴にはまってしまいます。

水分と食べた物については、日々の食事で変動があります。

一方、骨や筋肉の重量は日々変動するものではありません。

これで、日々の変動がある「水分と食べた物」だけに着目して体重を気にするのは危険だとわかりますね。

内臓機能などが整い、身体の状態が良くなると、骨や筋肉の質量が増えます。身体の水分量も整うので、体重は重くなります。身体にとって大切な物は質量が多い、つまり重いのです。この場合の数字の増加は気にする必要はありません。

減らすべきは「体脂肪」です。

実は、体脂肪が減っても体重は大きく変化しません。体脂肪そのものが、健康な骨や筋肉に比べて軽いからです。ただし、体脂肪が減れば、ウエストやお腹周りなどのサイズはダウンします。

身体にとって望ましいダイエットとは、骨や筋肉は育て、体脂肪を減らすこと。そのためにも食事は減らさず、食事の内容を変えることを意識してください。

それでは、長女さんの食事改革を見ていきましょう。

朝ご飯で体内エクササイズ

意外にも、母は私のダイエットを応援してくれた。母から見て、私がみっともないほど太ってしまったから、ではなく「身体のことを気にするようになったのは嬉しいこと」なのらしい。

もともと朝は弱く、ギリギリまで寝ていたい。大学生の頃からほとんど朝食は食べていなかった。食べるとしたらシリアルとコーヒー。余裕がある日は、それにヨーグルトをプラスする程度だった。

ダイエットを始めたんだから、今朝はヨーグルトだけにしておこうかなと思いながらダイニングに行くと、私の席にみそ汁が置いてあった。

「これ？　誰の？」

中学生の弟が答えた。

「姉ちゃんのだってさ」

野球やサッカーの朝練がある弟たちは、もう朝食を食べている。

「お母さん！　私、ダイエットしてるからご飯いらないよ」

弟たちの弁当を詰めている母に言った。

「ダメダメ。それだけは食べて。ダイエットを成功させたいなら、ちゃんと朝ご飯を食べるようにして」

野球で甲子園を目指す上の弟と一緒に、母は食トレのセミナーに行ってきたと聞いた。キッチンから「ダイエットも食事が大事なんだって」と叫んでいる母の理屈は、こういうことだった。


朝食を取ると体温が高くなって、代謝が良くなる。

内臓スイッチもオンになって、消化吸収のために胃腸が動く。

内臓が活発に動くことが、体内のエクササイズにもなる。


「でも、カロリーを摂取しちゃうわけでしょ。そしたら痩せるわけないじゃない」

私は母の理屈がわかるようで、まだ納得できない。

「そう言うと思った。だから今日はおみそ汁だけ食べてよ」

いつも朝食を食べないあなたが、いきなりがっつり食べるのも無理でしょ、と母が続ける。みそ汁には、私が好きななめこが入っていた。

まあ、みそ汁くらいで太ることはないだろう。私は弟たちの隣に座って、みそ汁だけの朝食を食べることにした。

その日から会社での昼食も変えた。

母が弟に持たせるおにぎりと一緒に、私のおにぎりも作ってくれた。

先輩に付き合って、昼休みが始まるとコンビニに行ったけれど「ダイエットしているんで」となにも買わない私を見て、先輩が「私もダイエットしようかな。一緒なら頑張れそう」と言ってスムージードリンクを手に取った。

最近のコンビニはヘルシーな商品もいっぱい並んでいる。私も、と手を伸ばして、母の言葉を思い出した。

「冷たい物や、あまり噛まない食べ物はおススメしないよ」

だんだん暑くなる時期。冷たい飲み物がほしくなる。スムージーみたいにヘルシーな飲み物なら身体にも良さそうだと思う。

でも、それが身体を冷やす原因になるらしい。

あと、**噛むことによって胃腸が動き、消化吸収力が上がるから、噛まない食べ物はダイエットにはあまり向かない**と言っていた。

「先輩、それダイエット向きじゃないらしいですよ」

理想的なメニューはごはんと具沢山のみそ汁。

ダイエットに炭水化物は大敵だと言われるけれど、実は代謝を高めるエネルギー源として最も適していること。

代謝が高まれば、無理なくダイエットができること。

おまけに肌ツヤも良くなること。

今朝、みそ汁を飲みながら母が教えてくれたことを、早口で先輩に伝えた。

理屈っぽくて興味ないかな、と思ったけれど、先輩は「私、そういう話、好き」と目をキラキラさせた。人の話をしっかり聞いて、ちゃんとリアクションする。だから、先輩は会社で好かれているんだなと思った。

先輩は結局、豚汁を買った。でも、スムージーは捨て難かったみたい。「おやつに飲むならいいよね」とオレンジベースのスムージーを買った。

コラム 13

「ダイエットにも朝食の力を」

朝は一日の始まりです。体調を確認するためにも、朝食は大事です。朝食を取ると、起床後の体温が速やかに上昇し、寝ている間に失った水分が補給されます。食べ物が体内に入ることで胃腸が動き、腸のぜん動運動を促し、便秘の予防にも繋がります。

朝食は、一日の活動エネルギーの補給が目的なので、好ましいのは炭水化物であるごはんです。食べることで体温を上げて、代謝を高め、体内のエクササイズをするのです。代謝を促進させるために、たんぱく質も重要です。理想的なのは、米と大豆の組み合わせ。すなわち**「ごはんとみそ汁」**です。

これは強い身体を作るためにも、ダイエットにもベストなのです。

最近は単食（ごはんだけ、とかサラダだけなど）が増えたり、液体物、流動食が増えています。特にダイエットしている場合、ゼリー飲料などの液体食や、フルーツや野菜をベースにしたスムージーなどを選ぶ人も多いでしょう。しかし、冷たいものや咀嚼がほとんどないものばかり摂取していると、身体を冷やしてしまいます。

スムージーは手軽にビタミン、ミネラルが豊富な野菜や果物を摂ることができ、ジューススタンドやコンビニなどで人気です。しかし、噛まずに済んでしまうこと、加熱処理されていて酵素や必要な栄養が失われていたり、砂糖など吸収の早い糖がたくさん添加されている物も多いことから、選ぶ時は注意が必要です。

美容のために常用するのではなく、おやつの楽しみとして利用することをおススメします。

朝は食欲がなかったり、食べる習慣がない方もいるでしょう。

もし、朝食を取るとなんとなく身体がだるくなるという人がいたら、それは**胃腸力**が落ちています。胃腸力回復のためのリハビリが必要です。とはいえ、急に無理やり食べると負担が大きいので、まずはみそ汁やフルーツなどからスタートしてください。

また、朝食が食べられないのは、夜の食事に原因があることも。おかず中心ではなく、ごはん、みそ汁を中心にするといいでしょう。

さらに、あまり噛まずに食べていないか、寝る直前まで食べていないか。この2点を確認するといいと思います。

女性はカロリーを気にして食事を抜くことがありますが、**カロリーを摂って消費することこそ「エネルギー代謝」**です。この時に必要なのが、副栄養素、ビタミン、ミネラル、食物繊維のサポートです。これらが体内にないと、カロリーは燃焼されにくくなります。

まずは炭水化物、脂質、たんぱく質などでカロリーを補充。そして燃焼するために必要な副栄養素をしっかり摂りましょう。

バランスの良い食事が、効率よくダイエットを成功させてくれるのです。

体温を上げて、代謝をアップ!

美しい元気な身体を作るためには、朝食が大切なのです。

ママさんのアドバイスで、代謝を上げることがダイエットに繋がるというのが少しずつわかってきた長女さん。ダイエット仲間もできたことで、ますますやる気になっているようです。

エネルギー代謝UPのバランス

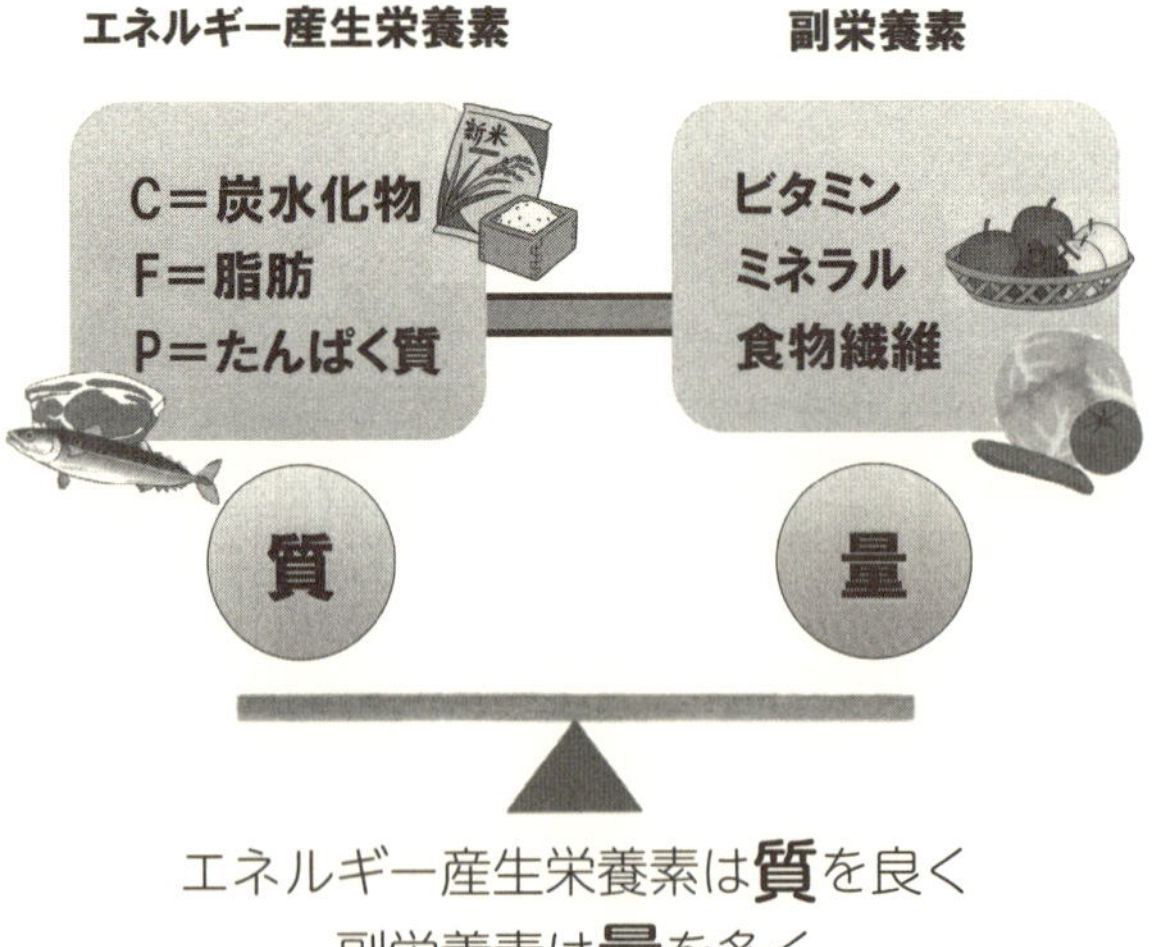

エネルギー産生栄養素は**質**を良く
副栄養素は**量**を多く

低体温はダイエットの敵

コンビニでダイエットにふさわしい物の話をした時、「私、そういう話、好き」と言った先輩の言葉は、社交辞令ではなかった。気付いたら私たちはダイエット仲間になっていて、先輩がこんな話題を持ち出してきた。

「ダイエットに体温が関係しているらしいよ」

先輩の情報は流行とは無関係。いつもガチだから面白い。

確かに母も「食べることで体温を上げる。代謝を上げる」と言っていたから、先輩の話も信ぴょう性がある。

「平熱って何度くらい？」

そう聞かれたけれど、体温なんて風邪を引いた時にしか計らない。「わからないです」と返すしかなかった。

私の平熱って、何度くらいなんだろう？

「私もわからない」

先輩が言うから、総務課で体温計を借りて2人で計ってみた。

私は35・9度。

先輩は36・2度。

「やばいよ……」

いつもは優しい先輩の口調が、深刻になっていた。

先輩が仕入れた情報によると、**理想の体温は36・5〜37度。36度以下は「低体温」**になるんだって。

低体温だと体内酵素の働きが低下し、代謝も低下し、脂肪が燃焼しにくくなる。つまり、太りやすくなるらしい。

体温が1度下がると、基礎代謝量も減少する。

基礎代謝が落ちると、栄養の消化吸収も悪くなる。

そうすると疲れやすくなったり、肌荒れなど、様々な不調が表れてくる。

低体温がダイエットだけでなく、身体の不調や美容にも直結していると聞いて「そんなんヤダ」と心から思った。

甲子園を目指す弟みたいに熱血じゃなくていいけれど、冷たい女はいやだ。

「先輩、私、どうしたらいいですか？」

2人で家から持ってきたおにぎりランチを食べながら相談した。最近のお昼休みは、いつもダイエットや美容の話をしている。我ながら意識高い系になったと思う。

先輩はすぐにスマホで調べてくれた。

「まず、食べた方がいいみたい」

ダイエットは始めたけれど、食事そのものを減らしてはいない。美容効果も期待して、母おススメの「正しく食べるダイエット」を実行している。

「食べてますよ、私」

「だよね」

先輩と私の低体温対策会議は続く。先輩の体温も36・5度以下だから油断は禁物だ。スマホで調べた事柄をデスクのメモ帳に書き写した。

・しっかり食事を取る（冷たい物、甘い物は控える）

・しっかりお風呂に入る。
・運動をする。
・冷房で身体を冷やさない。
・ストレスを溜めない。

そういえば、食事は大切にしてきたけれど運動はしていない。

オフィスの冷房は自分でコントロールできないから仕方ないよね?

ストレスは、ないと思ってるけれど……と話しながら、今度、先輩と一緒に会社帰りにジムに行く約束をした。

「弟が、公共のトレーニングジムなら数百円で通えるって言っていました」

「そこなら気楽に行けるね」

先輩が喜んでくれて、私も嬉しくなった。

これから頑張ろう。

コラム
14

「自分の体温を知ろう」

熱を生み出すことは、私たちの生命活動の基本です。体温は身体の機能との関係が深く、特に代謝機能の状態を表すバロメーターになっています。

人間の体温は通常、36～37度の範囲に保たれていて、平熱より3度高い39度になってもすぐに命を落とすことはありません。

しかし、**平熱より3度低い33度だと体内での代謝活動が阻害され、危険な状態になってしまいます。人間の体は、体温の低下には非常に弱いのです。**

体温が0・5～1度下がると、免疫力が30％低下すると言われています。36・5度が最も免疫機能が活発になり、体内の酵素が活性化するのは37度前後だそうで、免疫機能をしっかり働かせ、病気にならない身体にするためには体温をそこまで上げておくのがベストです。

低体温を改善するには、まずはエネルギー摂取をきちんとすること。

運動を取り入れて、熱を生み出す筋肉を増やすこと。
早寝早起きで体温の日周期、基礎を正しくすること。
朝の体温を高めるために、朝の入浴もいいと思います。

自分の体温を知るのは、体質改善のスタートです。

これを食べたからキレイになる、ではなく、キレイに年を重ねるために自分の体温を知り、低体温を改善する。

それが健康で美しい自分を手に入れることに繋がります。

低体温のデメリットに気付いた長女さん。女性はもう1つ、気にしてほしいことがあります。

貧血にも、骨にも、ごはん

夏休みに入り、長男は野球部の合宿でいない。次男は塾で夏季講習、夫は例によって「懇親会」だとかで遅い。久しぶりに長女と2人、夕食を取った。

2人でゆっくり夕食を食べながら、いろいろな話をした。長女は低体温のデメリットを知って、会社の先輩とジムに通い始めたこと。ダイエット仲間ができて、気持ちが盛り上がっていることなどを話してくれた。

「低体温だけじゃなくて、女性は貧血も気を付けた方がいいよね」

私は長女の生理に触れながら、結局はちゃんと食べることが大切だと伝えた。

思えば弟たちの部活動や塾通いのフォローで忙しく、長女となかなかこうして話すタイミングが見付けられなかった。長女は一番年長という意識が強く、昔から弟たちに譲ってしまうところがあった。かわいそうにと思いながら、長女が我慢しているのをいいことに弟たちを優先してしまっていた。

生理のことや女性の身体に関することは、息子や夫がいる場所では聞けなかっただろう。この日は「大学までは生理中でも普段通りに生活できていた」こと。それが社会人になって好きな時に自由にトイレに行けなくなってから「面倒で仕方なくなってしまった」こと。会社でトイレを禁じられているわけではないけれど「皆が忙しくしていると、席を離れづらい気持ちになる」ことなどを、ぽつり、ぽつりと話してくれた。

「サプリメントとか飲んだ方がいい？」

そう聞くので、私はちょっと顔をしかめた。

「その前に、胃腸をしっかり鍛えた方がいいかもね」

食トレセミナーで学んだ点を思い出しながら、長女に言った。

身体の仕組みや栄養の細かな部分は適当に聞いているようだったけれど、大事な点が印象に残ればいい。**食事やサプリメントで鉄分を補給しても、身体を動かすためのエネルギー源や筋肉、骨、血液を作る動物性たんぱく質をきちんと摂っていないと意味がないのだ。**

長女はうなずいてはいた。わかってくれるといいけれど……。

コラム 15

「貧血改善のための第一歩」

貧血を改善しようと思ったら、鉄分の多い食物をたくさん食べるとか、鉄剤やサプリメントを飲むものだと考える人は多いでしょう。

もちろん、それも大事です。ただ、**「なにを食べるか」**の前に確認してほしいことがあります。それは**「しっかり消化吸収できているか」**です。貧血がちな女性の場合、多くは胃腸の働きが弱く、栄養分をしっかり消化吸収できていないのです。

まずは**「胃腸の力」**。

胃酸がしっかり分泌されていて、胃酸の力できちんと食べた物を消化できているか。くり返し話してきましたが、この時に大事なのは**「咀嚼」**です。噛むことで唾液が分泌され、唾液と混ざることで吸収力は高まり、胃腸の消化吸収を手助けしてくれるのです

そして**「主食のごはんをしっかり食べる」**。

血液の材料となる肉、魚、卵、大豆を食べたり、鉄剤を摂る前に、食事の大前提

として主食のごはんをしっかり食べなくてはいけません。

きちんと身体を動かすためのエネルギー源が確保されて初めて、筋肉、骨、血液が作られますし、動物性のたんぱく質、鉄分の多い食品の吸収を助けることが可能になるのです。

栄養素の優先順位としては、

1に「炭水化物」
2に血液を作ってくれる「たんぱく質」
3番目にようやく「鉄分」なのです。

もちろん、消化吸収を助けてくれるビタミン、ミネラルも欠かせません。「貧血＝鉄分」だと摂取すべき栄養素だけに着目するのではなく、身体全体の機能がきちんと働いているのか。胃酸がしっかり分泌されているのかを考えましょう。

では、長女さんのその後を見てみましょう。

身体の中からキレイなダイエット

先輩とジムに行き、並んでエアロバイクを漕ぎながら、私は母からの受け売り「貧血を防ぎたいなら、ごはんを食べる」を伝えた。

先輩は私の母には会ったことがないけれど、私がやたら母の話をするもんだから、母のことを勝手に「ダイエットママ」と呼んで、ダイエットの神様みたいな扱いをしている。

「貧血にもごはんがいいということは、骨を強くしようとしてカルシウムを摂っても、やっぱりごはんを食べてないと意味ないってことかな?」

さすが先輩だ。よく気が付く。

骨は強い身体だけでなく、美しい身体も作ってくれる。しかも、25歳くらいまで身体は成長するらしいから、私たちはまだ成長期と言える。

今までは「骨=カルシウム」だと単純に考え、カルシウムを摂れば強い骨が作られると思っていた。だけど結局、身体にエネルギーが満たされていないと、カルシウムは骨の材料として使ってもらえない。20代で骨の健康を気にするなんて考えてもいなかったから、なんだかちょっとおかしい。
私が母から栄養の知識を集め、人とは違う観点でダイエットしたい先輩が独自に情報収集し、お互いに交換。そんな毎日を続けていくうちに、私たちはすっかり美容や健康のためにいいことを生活に取り入れるのが楽しくなっていた。

骨はコラーゲンと深い関係があるそうだ。

骨の材料はカルシウムだけれど、コラーゲンが2つを結び付けている。コラーゲンもカルシウム同様、エネルギーが満たされて初めて本来のパワーを発揮するというから、ちゃんと食べていれば、コラーゲンが美肌のために働いてくれるんじゃないか、というのが今日の先輩の結論だった。納得だ。

1時間ほどジムで運動して、帰宅しようと更衣室で着替えた。
「先輩、来週のジムも木曜日の夜でいいですか?」
次回の約束をしようとしたら、先輩が「あー、ごめん」と苦笑いする。

「その日、約束しちゃった」

相手は、東京営業所の人だと言う。

マジか、いつの間に……。

「東京の佐藤さんがこっちに出張で戻るから、皆でご飯食べようって。同期なのよ。2人じゃないから」

先輩は言い訳しつつ、なんだか楽しそうで羨ましかった。

「最近、肌の感じがいいですよ。ぜひ楽しんできてください」

ちょっぴり嫉妬しながらエールを送ると「ジムは別の日に来ようね」と先輩。

はい、と答えながら、私ももっと楽しもうと思った。

キレイを目指していると、やる気が湧いてくるなあ。

痩せてキレイになること＝体重を減らすことではありません。体脂肪が減って、しかも肌に張りとツヤがあり、元気や明るさが周囲に伝わることこそ、キレイになるということだと思います。

食べないダイエットは、身体の燃料や材料が満たされないので新陳代謝を鈍らせます。脳も空腹を感じるから、甘い物への欲求が増えます。

一方、ごはんとみそ汁の食事をすると、お腹も脳も満たされるから甘い物への要求が減るのです。しっかり食べれば、内臓もしっかり動いてくれて代謝も上がります。だから食べても太らなくなるのです。

キレイになるためには、身体の質を変えていく必要があります。

その時だけ痩せるのではなく、長期的に、かつ健康的な美しさを目指すのなら、カロリーではなく「食べ物の質」を見直しましょう。

皆さんにはしっかり食べて、美しい女性を目指してほしいと願っています。

女子中学生&高校生のごはん量

スポーツをする女子のごはん量は、男子の2割くらい少ない量になります。それでもこのくらいは必要。良く噛んで、しっかり食べましょう。

■ **朝食200グラム**=おにぎり2個

■ **昼食220グラム(学校給食またはお弁当)**=おにぎり2個+補食1/4個

■ **夕食250グラム**=おにぎり2個と1/2個

おやつについて

女子はお菓子が大好き。なかなか我慢できないですよね。必要なエネルギー量の10パーセントくらいのおやつはOKです!

(例)

■カステラ　1切れ
■アーモンドチョコレート　2〜3個
■ポテトチップス　1/3袋
■クッキー　3枚

食べる時はストレスをためないように「おいしい!」と思って食べましょう。ただ、ごはんをしっかり食べると、おやつの量は不思議なほど減るものです!

コラム

16

「丈夫な骨は美しい身体を作る」

若い女性に骨の話をしてもあまりピンとこないかもしれませんが、しなやかで、美しい元気な身体を作るためには、骨を強くすることも忘れないでください。骨は25歳まで成長、40歳ぐらいまで維持した後、加齢によって衰えていきます。

骨の栄養というと一般的に「カルシウム」を浮かべる人が多いと思います。カルシウムは骨の**「土台」**です。

専門的に補足すると、その他に、カルシウムの吸収を良くする「乳糖」や「ビタミンD」、骨の材料となる「コラーゲン（たんぱく質）」、骨の約15％を占める重要な成分である「リン」などが必要です。リンはカルシウムの吸収に関わるミネラルで、カルシウムとのバランスを保つことが大事です。

これらの骨を強くする「材料」は、手軽に摂れるサプリメントに頼らず、日々の食事の中からの摂取をおススメします。

カルシウムの多い食べ物

小魚

チーズ

牛乳

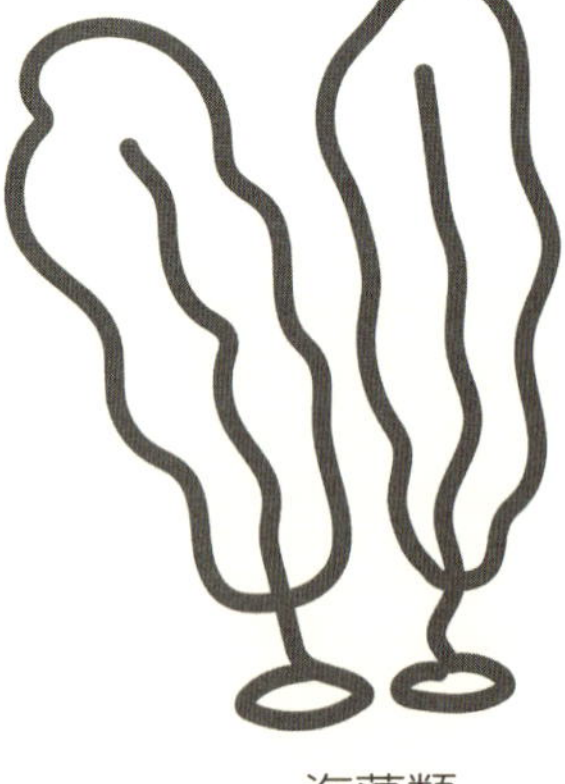

海藻類

第４章
40代、まだまだ頑張るパパとママ

メタボが気になるお年頃

夫の夜は遅い。

家族の食事が終わった午後9時過ぎにようやく帰宅。ジャケットを脱ぎ、ネクタイを緩めると冷蔵庫からビールを出してきて、リビングのソファにどっかりと座る。

「なんだ、今日は負けたのか」

特別、興味があるわけではないのに、ニュース番組で地元プロ野球チームの負けを知るとそうつぶやく。

「はい、どうぞ」

私は取り分けておいたおかずを温め、リビングのテーブルに運ぶ。夕食はいつも、おかずをつまみにビールを飲む程度。ごはんは食べない。

のぞきこむとお腹の肉がつっかえていて、苦しそうだ。

「来週の火曜日は飲み会だから」

テレビから目を離さずに、夫が言う。

新卒で入社して25年も経つと、それなりの役職に就く。若い頃は「部内の親睦を図る」とかなんとか飲み会に忙しく、部長になった今は「大事な取引先との食事会は欠席するわけにいかないだろう」だそうだ。夫は食べながらじゃないと酒が進まないタイプなので、おそらく食事会でも結構、食べているはず。健康診断の結果を見せてくれないけれど、そろそろメタボを指摘されているのではないだろうか。

どうにかしたい。

長男、次男、長女がそれぞれ食事改革に取り組んでいる今、夫もなんとかしたいと思うようになった。

さあ、いよいよパパさんの〝改革〟に乗り出したママさん。まずはパパさんの日常を確認してみましょう。

正しいダイエット

俺は自分のデスクの前に座るプロジェクトリーダーに話し掛けた。愚痴だ。実は前日、家族サービスを持ち掛けたのだが断られた。長男は野球の練習、次男はサッカーと塾の補講、会社が休みの長女もどこかに出掛けるらしい。

「奥さんと2人で出掛けたらいいじゃないですか」

リーダーはからかうように笑う。

「それはない」

部長らしく、男前に答えてみたが、実はそれも提案して断られた。妻は子どもが一緒じゃないと行く気はないらしい。

その日は全社会議の日だった。各部の部長クラスが集まり、各プロジェクトの進行状況の確認や情報共有を行う。

私が所属する生産管理部は、各部署との連携が重要だ。営業部からの生産要請をスケジューリングして、製造部に伝える。製品は納品前に品質チェックがあるので、品質管理部にも情報共有しなければならない。生産に必要な材料の調達は購買部の仕事だが、生産管理のスケジュールに応じて発注しているのでこことも密に連絡を取り合っている。

製造部が機械の不具合を理由に生産が遅れていると報告した。それじゃ困ると営業部が苦い顔をした。自社工場の機械のメンテナンスは生産技術部の仕事なので「今回の不具合は1つ1つ点検が必要なんで」と製造部をフォローする。「しかし、当社と初取引のクライアントですから、納期を遅らせることはできません」と営業部も負けない。

なにが言いたいかと言うと、こうした生産のやりとりを最終的に調整するのが、生産管理部の仕事だということ。私は会議途中だったが、このプロジェクトのリーダーを会議室に呼び出した。いつものことだが、部長クラスで押し問答していてもラチがあかない。現場で機敏に対応するしか策はないのだ。

「機械調整で生産が遅れそうだ。納期は変更できない」

先ほど冗談交じりに会話していたリーダーも、さすがに「またか」という顔をした。自分だってこんなことばかり頼みたいわけじゃない。心が重くなる。

「すまないが、生産技術と製造部と連絡を取って、どの機械がどのタイミングで動くようになるのか、動いている機械でどのくらい生産できるのか、確認して、1日あたりの生産をシミュレーションし直してほしい」

おそらく、リーダーは工場に直接足を運んで、現場で働く社員たちに少しばかりの残業を懇願するんだろう。このご時世、部長から残業は頼みにくい。「この危機をチームとして乗り越える」というムードを作り出すリーダーのコミュニケーション能力にいつも助けられている。

会議が終わり、飲み物でも買いに行こうとコンビニに寄った。

さすがに疲れた。

昼食はいつも、会社から注文する宅配弁当だ。代わり映えしない味だが「カロリーコントロールしています」といううたい文句をぼんやりと信じている。

「そういえば、野菜が足りてないな」

チルドコーナーにある「野菜サラダ」を手に取った。休憩室でスマホを片手に野菜サラダを食べる自分を想像すると、ちょっと恥ずかしい気もしたが「身体に良い物を食べている」と思えばなんとか耐えられそうだ。

帰宅すると、会社員の長女が妻とリビングで話していた。

いつものように冷蔵庫からビールを取り出しながら耳を傾ける。どうやら長女はダイエットをしているらしい。リビングのソファでおかずをつまみにビールの缶を開ける。

「それでさ、先輩が**野菜サラダより100％の野菜ジュースの方が栄養価が高い**んじゃないのって言うのよ」

長女の言葉に、妻が同意する。

「市販の野菜サラダは衛生面の対策をしなくちゃいけないからねえ」

え？　そうなの？　俺、野菜サラダ食べたんだけど……。

2人の会話に割り込むわけにもいかないから、テレビを見るふりして続きを聞く。女のダイエットなんて長く続かない流行みたいなもんだろうと思っていたが、2人の話は面白かった。

「パパもダイエットしてるんだけどな」

帰宅が遅くて、家族となかなか話せない。たまにはコミュニケーションを取ってみようと決意して、おそるおそる口に出してみた。

「え？　知らなかった」

驚いたのは妻だった。反応があってちょっと嬉しい。

「そうだよ。だから、夜はごはんを食べてないじゃん」

そう言って胸を張ると、長女が笑った。

「パパ、それ逆効果だよ」

え？　そうなの？　野菜サラダに続いて、自分の常識が覆された。

「パパ、私と一緒にダイエットしよう。そうだ、ママも一緒に」

「私も？」

「そうだよ。ママだって、結構さあ」

長女が妻のお腹あたりに目をやる。

妻は長女の視線をたどり、ハッとしたような表情になる。

「ね！」

長女に乗せられて、私は妻と一緒に〝健康を意識したダイエット〟に取り組むことになった。

コラム 17

「サラダよりジュースの理由」

コンビニ食など栄養バランスが取りにくい食事が続く場合、プラスするなら「野菜サラダ」と「野菜ジュース」のどちらがいいですか？　と質問されることがあります。

その場合、私はどちらもいいですよとお伝えします。ただし、自宅できちんと野菜が食べられない場合の補助食品としてです。ここは忘れないでください。けっして野菜サラダや野菜ジュースがダメというわけではありません。

市販の野菜サラダについてお話ししますと、市販品は工場で野菜を洗浄、カット、消毒し、袋詰めしてから店頭に並べられます。野菜がカットされ、洗浄、消毒される間にどうしても水溶性のビタミンなど栄養素が失われてしまいますし、消費者の手に届くまで時間も掛かります。うま味も流出してしまって生命力が弱まった野菜の味は薄くなっていますから、ドレッシングをかけて食べることに。これだと余分な塩分と油を摂取してしまいますよね。ただ、食物繊維は残っていて、これらに糖や脂肪の吸収を緩やかにしてくれる効果は期待できます。

野菜ジュースはというと、これも生の野菜ではなく加熱してあるので生きた酵素は少なくなっています。液体だから噛むこともしないので、唾液など消化酵素も分泌されず、固形の食事のようには内臓が動きません。サラサラだということは、食物繊維も少ないと言えます。ただ、成分表示で栄養が確認できる野菜ジュースは、ビタミン、ミネラルを手軽に摂るには適していて、代謝アップには力を貸してくれます。

同じことが、おにぎりにも言えます。手作りのおにぎりと工場で作ったおにぎりには、どんな違いがあるでしょうか。

基本の素材は同じ。でも、手作りのおにぎりは塩とごはん、具材だけ。工場で作られたおにぎりには、流通させるためのさまざまな添加物が含まれています。これは仕方のないことです。

野菜サラダも、野菜ジュースも、おにぎりも、結局はなにをどう選ぶのかということが大事なのです。

身体は食べた物で作られています。

ですから、**食べ物を選ぶことは「生命力の選択」とも言えます。**

忙しい毎日の中で、コンビニはとても便利です。私はコンビニや外食がダメだとは言いませんが、**食事を自分で選ぶ力**は失ってほしくないと思っています。

食事はシンプルかつ鮮度の良い物が一番です。

日々の生活の中で、外食やコンビニ食を少しでも減らして、**手作り弁当の日**を増やすことで身体の質は変化していきます。

健康を意識したダイエットに目覚めたパパさんのその後はどうなったでしょう。

ママさん手作りのお弁当を持っていくことが第一歩になったようです。

ダイエットの第一歩はママ弁当

妻はいつも長男と次男のために弁当を作っているが、自分に持たせてくれたことはない。

昨夜の「家族3人ダイエット宣言」で妻から「パパも外食を減らして、お弁当を持っていけばいいのに」と言われたのは衝撃だった。自分は一度も「弁当はいらない」と言ったことはないのに、勝手に〝弁当不要の人〟にされていたからだ。

もちろん、そんなことは言えない。「じゃ、明日から頼むよ」とだけ答えた。

朝食も変わった。

今まで朝はコーヒーとパンが定番だった。しかも妻が洗濯物を干している間に、自分で用意していた。

しかし今朝はダイニングに行くと、ごはんと具沢山みそ汁が俺の席に用意してあった。

「パパはコーヒー党だと思っていたから」

妻はそう言ったが、弁当同様それも言った覚えはない。長男、次男と同じメニューを、これまでなぜ自分にも用意してくれなかったのだろう……。ダイエット宣言は、家族に自分の存在を思い出させてくれたような気がした。

妻も、今日は洗濯物を干すのを後回しにして、一緒に食卓に着き、ごはんと具沢山みそ汁を食べていた。長男と次男はすでに家を出ていた。

「私も朝はなかなか時間がなくて、ほとんど食べていなかったの」

自分だけ納豆をごはんにかけていたから「俺もほしいな」と言うと「自分で取ってきてよ」と冷蔵庫を指した。「はいはい」と席を立った。そういえば、こんな会話ですら、この頃はなかったと気付く。

納豆をかき回していると、化粧を終えた長女も席に着いた。

「朝ご飯をしっかり食べると、お昼になるとすごくお腹が空くのよ。朝ご飯抜きだった時は全然お腹すかなかったのに」

長女が笑いながら、漬物に手を伸ばした。彼女もごはんと具沢山みそ汁だ。

「ダイエットしてるのに、お腹が空いたら困っちゃうね」

長女に声を掛けると「違う違う」と説明してくれた。

「パパ。ダイエットを成功させるには、ます胃腸がしっかり働くようにトレーニングしなきゃダメなのよ」

長女いわく、**お腹が空くのは胃腸が働き、消化が正常に行われている証拠**だということだ。消化が正常に働けば栄養が身体に行き渡り、代謝が活発になる。身体を大きくしたい長男や次男はこの時にしっかり、たくさん食べ、ダイエットしたい我々は適量と適度な運動を心掛ければいいのだそうだ。

いつもは会社の宅配弁当を頼んでいた自分が愛妻弁当を持ってきたものだから、リーダーが「どうしたんですか？」と覗き込んできた。冷やかされるのは恥ずかしかったが、弁当の蓋を開けるとグーと腹の虫が鳴った。

「卵焼きが美味そうですね」

リーダーが褒めてくれた弁当の中身を紹介しておこう。

・鮭の西京焼き
・ほうれん草のごま和え
・プチトマト
・卵焼き
・ひじきの煮物

宅配弁当でこんなに「美味そう!」と思ったことはない。

長女が言ったように、朝食をしっかり食べたせいなのか、それとも妻の手作りだからなのか。実際にどのおかずもすごく美味しかった。量もちょうどいい。

腹が減ったという感覚は、身体はエネルギー不足になっているにも関わらず、とても心地いい。

生きてる、って感じがした。

コラム 18

「炭水化物は太らない」

ごはんは太ると言われていますが、実はマルチ食材です。燃焼力に優れていて、噛むことで胃腸を鍛えてくれます。

さらに、身体にとって重要なエネルギー源であり、筋肉、骨、血液を作ってくれるたんぱく質でもあるのです。

では、なぜ「炭水化物は太る」と言われるのでしょう。

ごはんはたくさんの糖が連なって構成された**多糖類**です。これが身体の中に入り、消化酵素と混ぜ合わされると、**二糖類**になり、さらに**単糖類**になって血液中に吸収されていきます。そしてエネルギー源として使われるか、貯蔵されるのです。単糖類は血液の中にグルコースとして吸収され、グリコーゲンとしては主に筋肉や肝臓に蓄えられるのですが、水分も一緒に蓄えられます。グリコーゲン1に対して水3を貯蔵すると言われていて、**糖質制限をして、炭水化物を抜くと貯蔵される水分が減少するので体重が減ったように見えるのです。ところが、糖質制限**

をして減るのは水分量なので、身体の潤いは欠如してしまいます。

美しく痩せたいなら、これらを理解して、炭水化物をしっかり摂取する〝美しいダイエット〟をしてほしいと思います。

炭水化物を摂れば、身体に潤いが戻り、細胞が水分で満たされて代謝が上がります。

食べて、燃焼させるという身体の自然なサイクルが正常に働けば、無理しなくても痩せやすい身体になるということです。

食アスリート協会が推奨する「ごはん＝6、おかず＋具沢山みそ汁＝4」という「食アススタイル」で、決められた量を毎日継続して食べることが、美しく、健康に痩せることに繋がっていくのです。

食アス物語の最後は、避けて通れない「外食」についてです。

炭水化物の消化・吸収・代謝のメカニズム

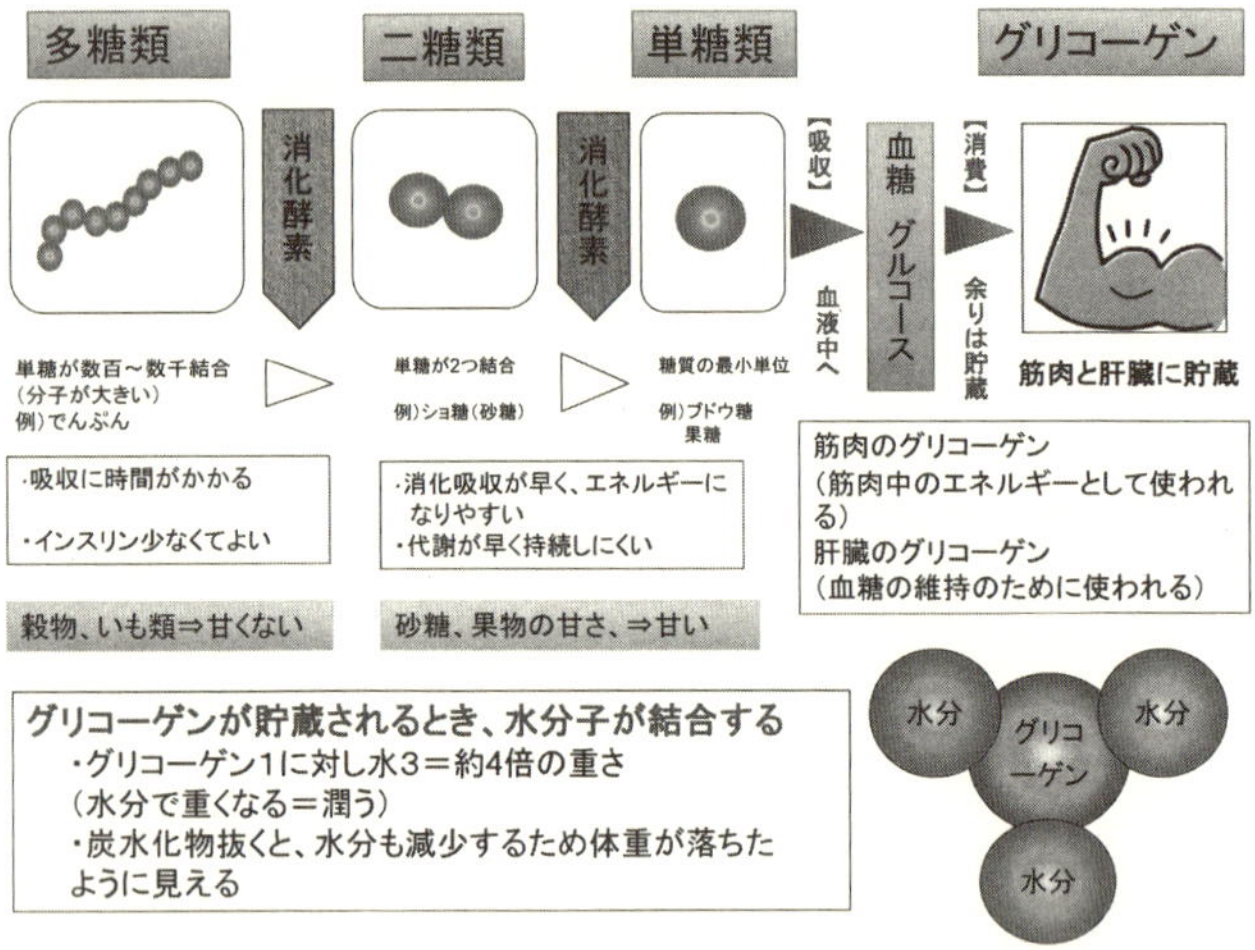

飲み会は店選びがカギ

夫と長女、私の「正しいダイエット」生活が始まり、夫にもお弁当を作るようになってから、夫が変わった。

帰宅し、いつものように冷蔵庫からビールを取り出す前に、シンクで弁当箱を洗うようになってくれたのだ。

「置いておけば、洗っておくわよ」

そう声は掛けるのだけど、「これくらいは大丈夫」とやめない。「美味かった」とか「ありがとう」とかは口にしないから、その代わりなのかもしれない。

「夜もごはんを食べたほうがいいのかな？」

夫が急に聞いてきた。職場の仲間が試している糖質制限を自己流でやっていたようだが、長女に「そうじゃない」と言われて気になっていたらしい。

「理想的なのはごはんとおみそ汁だけれど、あなたの場合は帰宅が遅いし、ビールも飲むからなぁ。でも食べた方がいいみたい。白いごはんより雑穀ごはんとみそ汁がいいんじゃないかしら。雑穀ごはんは白いごはんより燃えてくれるから」

夫は「じゃあ、そうするよ」と素直に答え、私は朝に続いて夕食のスタイルも変えることにした。

「あ、でも、来週は飲み会があるから、その日は夕飯はいらないよ」

なんだ、早速予定変更かい。

「どんなお店に行くの？」

一応、確認してみると「あ！」という顔をする。ダイエット中なのをすっかり忘れている。全く……。

「よく使う駅前のチェーン店なんだけど」

こちらの返事を気にする様子に、吹き出しそうになった。

飲み会というのは、先月、大量発注された製品が無事に納品でき、プロジェクトが一旦終了。関わってくれた機械メーカーとの打ち上げのことだった。

納期ギリギリの案件はまだ続行中なのだが、部下や関係者をねぎらい、次の仕事を円滑に進めるためのもので、かなりの人数が参加する。相手の機械メーカーとの付き合いは長く、取引先というより、パートナー企業と言ったほうがふさわしい、気兼ねすることのない間柄。飲み放題を付けて3500円で飲み食いできる駅前のチェーン店は、会社でよく利用するので予約も取りやすく、現場リーダーと打ち合わせてそこにしようと決めたのだと言う。

「できれば、店内調理している店がいいと思うよ」

私はそうアドバイスした。

夫が夕食を済ませた後、2人でスマホを覗きながら店を検索した。

「ここ、美味しそうだね」

「このクーポンを使うと団体割引ありだって」

「厨房の写真が載ってる。ここなら店内調理だよ」

最初は夫たちの飲み会用の店を探していたのに、いつの間にか「誕生日だとプレゼントがあるんだって」とか「長男が肉を食べたいって言ってたから、ここ良さそうだな」なんて感じになった。

そういえば、家族全員で外食ってしばらく行ってないなと思っていたら、夫も同じことを考えていたようだ。

「今度、みんながそろう日を教えてよ。どこか食べに行こうよ」

「いいね。最近はパパと一緒に外食してないもんね」

即答すると、変な顔をした。あ、しまった。夫抜きで、時々外食していたことがバレてしまった。

翌日、夫が現場リーダーに予約の変更を申し出たところ、彼から「その店、気になっていたんですよね」と面倒くさがるどころか、喜んでくれたらしい。


朝食を取るために15分早く起きるようになった。

昼は弁当と一緒に野菜ジュースを飲むことになった。

時間を管理して仕事を片付け、家で夕食を食べるようになった。

夫の変化に驚いているが、一番驚いているのは夫かもしれない。

私も負けないようにしなくちゃ!

コラム 19

「上手に選んで外食をもっと豊かに」

日々忙しいお父さん、お母さんのことを思うと、「外食をしない」生活なんて考えられません。外食が悪いわけではありません。

ただし、「身体を元気に強くするため」という観点で店選びをしてほしいと思います。

ポイントは店内調理をしているかどうか。

セントラルキッチンで集中調理をしていたり、冷凍や出来合いの食事を提供している店も多いのですが、できれば店に調理人がいるところが望ましいです。

なぜなら、店内で調理するということは、素材を選んで購入して、味付けも店内で行なっているから。シンプルで身体に良いメニューも多いのです。

しっかり食事を取ることは、ダイエットとは真逆の行為だと思われています。しかし、食アスリート協会の「食アススタイル」では、お酒を楽しんだり、会食に付

き合ったりする日も楽しみながら、無理なく食事を変えていくことを推奨していま
す。
会社の飲み会や家族での外出など、非日常な食事では好きな物を食べる。それは
それでいいのです。
厳しい食事制限ではなく、皆と楽しんで食事をしながら、体調を管理していくこ
とが大事。もちろん運動も大切です。
体重という数字だけにこだわるのではなく、身体の中から、そして心まで美しく
鍛え上げることが、理想の形だと考えています。
身体を大きくしたい育ち盛りの子どもたち。
ダイエットしたい娘さんにママさん。
健康で元気に働きたいパパさん。
食アスリート協会は、そんな皆さんを応援しています。

私がおススメする外食店は、大戸屋です。**「1品1品ちゃんとお店でこしらえる」**を約束事に、お母さんの手作りに近い料理を目指していらっしゃるからです。基本のメニューが**「定食」**で、まさに**「食アススタイル」**を外食で実行できるお店です。

大戸屋の主な特徴は、次の6点です。

◆注文を受けてから作る店内調理
◆セントラルキッチンを持たない
◆カット野菜を極力使わない
◆化学調味料、着色料、冷解凍をできるだけ行わない
◆産地・品質・流通にこだわり、安全安心な食材を使用
◆毎日お店ごとに1つ1つ食材に適した仕込み

もちろん大戸屋でなければいけないわけではなく、このようなタイプの店とメニューを選べば、外食でも理想の食トレが可能になります。

家族の真ん中にごはん

長男に誘われて、食トレセミナーに出掛けてからずいぶん経つ。参加する前は、パートと家事で忙しいのに、さらになにかやらなくちゃいけないのかとげんなりしたけれど、そんなに難しいことではなかった。食事で自分の目標に向かって努力する子どもたちや、日々仕事に励む夫を支え、少しずつその成果が出てくると誇らしい気持ちになる。

弟たちの世話に忙しく、喧嘩したわけではないのに距離ができてしまっていた長女とも、ダイエットメニューについて話すうちに昔に戻ったみたいだ。

一緒にダイエットしようと宣言し合った夫は、家事をよく手伝ってくれるようになったし、心なしか顔色が良くなった気がする。

私も体力が付いてきた。

毎日の食事が本当においしい。

飲食店の仕事は肉体的にも精神的にも疲れる。それが昨日、「最近よう笑うね」と常連のお客さんに声を掛けられた。

嬉しかった。

お客様から元気をもらうなんて、今までは考えられなかったことだ。「確かに機嫌がいい日が多いな」と思った。

ところで、今夜のおかずはなんにしようかな。

食事で家族をサポートしているとはいっても、手間の掛かるようなことは一切しない。

ごはんと具沢山のみそ汁があれば、まずはOK。

みそ汁は朝食の時に作っておいたから、あとはごはんが進むようなおかずを1品考えるだけ。

ごはんとみそ汁があれば上等ですよ、と食アスリート協会の先生に言われて、それまでの私が救われた。

頑張らない。

でも丁寧に家族を思う。

今日は夫も早く帰ると言っていた。

次男の塾は、今夜は休み。

家族全員が食卓にそろう日も、最近は珍しくない。

「鯖を焼こう」

そう思い付いた。

グリルに並べるだけで出来上がる簡単なおかずだよなと考えながら、それでも栄養バランスはいいはずだからね、と自分を褒めた。

美味しい物で人は繋がる。

家族も同じだな、と思う。

さあ、今日もたっぷりごはんを炊こう。

コラム 20

「雑穀について」

最近の健康ブームで、雑穀ごはんは珍しくなくなりました。

雑穀は、ごはんの力を大きく底上げしてくれるパワーアップ食材です。ビタミン、ミネラル、食物繊維など栄養素がたっぷり含まれています。

「代謝アップ」、「整腸作用アップ」、「排出力アップ」などの嬉しい効果の他、筋肉、骨、血液、たんぱく質の量もアップします。

さらに抗酸化成分、機能性成分が多いので、酸化を還元してくれて、身体の機能を高めてくれます。

雑穀のつぶつぶ感も重要なポイント。噛む回数が増えるのです。咀嚼が促進されれば、胃腸は丈夫になります。優秀な健胃整腸食材だということですね。

生命力にあふれた食材ですから、アスリートが求める強い心、強い身体を作るにはベストな食材だと言えます。ダイエットにもおススメです。

食トレセミナーで**「玄米はどうですか？」**と質問を受けることがあります。もちろん玄米にも身体にとって必要な栄養素がたくさん含まれていますが、デトックス効果が高く、不要な物だけでなく、身体に必要な物も排出してしまうことがあります。

消化に時間が掛かるのも考えもの。ゆっくりゆっくり時間を掛けて咀嚼をすればベストな食材ですが、忙しい現代社会ではその点を頭に入れて選ぶ必要があると思います。

雑穀の種類はさまざま。選ぶ時は質に重点を置いてください。なぜなら質によって結果が大きく変わるからです。

質の低い雑穀は味が悪くパサパサして、臭いも気になります。炊飯時に水に浮いたり、粒が壊れていたり、欠けたりしている物は、質が悪いと判断して間違いないです。

質が高い雑穀は甘みがあってモチモチしていて、とても美味しいです。実がぎっしり詰まっているため重さがあり、炊飯時に水に沈みます。抗酸化作用も期待できます。

選び方は以下を参考にしてください。

・産地を見極める。

流通している雑穀の90%が海外産です。国内産の方が質が高い傾向があるので、「●●県○○産地」という表示のある物を選んだ方がいいと思います。

・目的に合わせて使い分ける。

整腸作用、免疫力アップは「大麦」。
貧血対策は「あわ」。
心機能アップは「ひえ」。
筋力アップ、血液強化は「ソバの実」。
疲労回復、筋肉痙攣予防は「たかきび」。

代謝アップは「きび」など――。

食べるサプリメントとも言える雑穀は、アスリートだけでなく、女性にもプラスに働いてくれる食材なのです。

そして、美味しく炊くコツを1つ。

ごはんと一緒に炊く時に、一つまみの塩や小さじ1程度のオリーブ油を加えます。これでさらに風味が増します。

最後に、私ども食アスリート協会が行っているサポートについて紹介します。

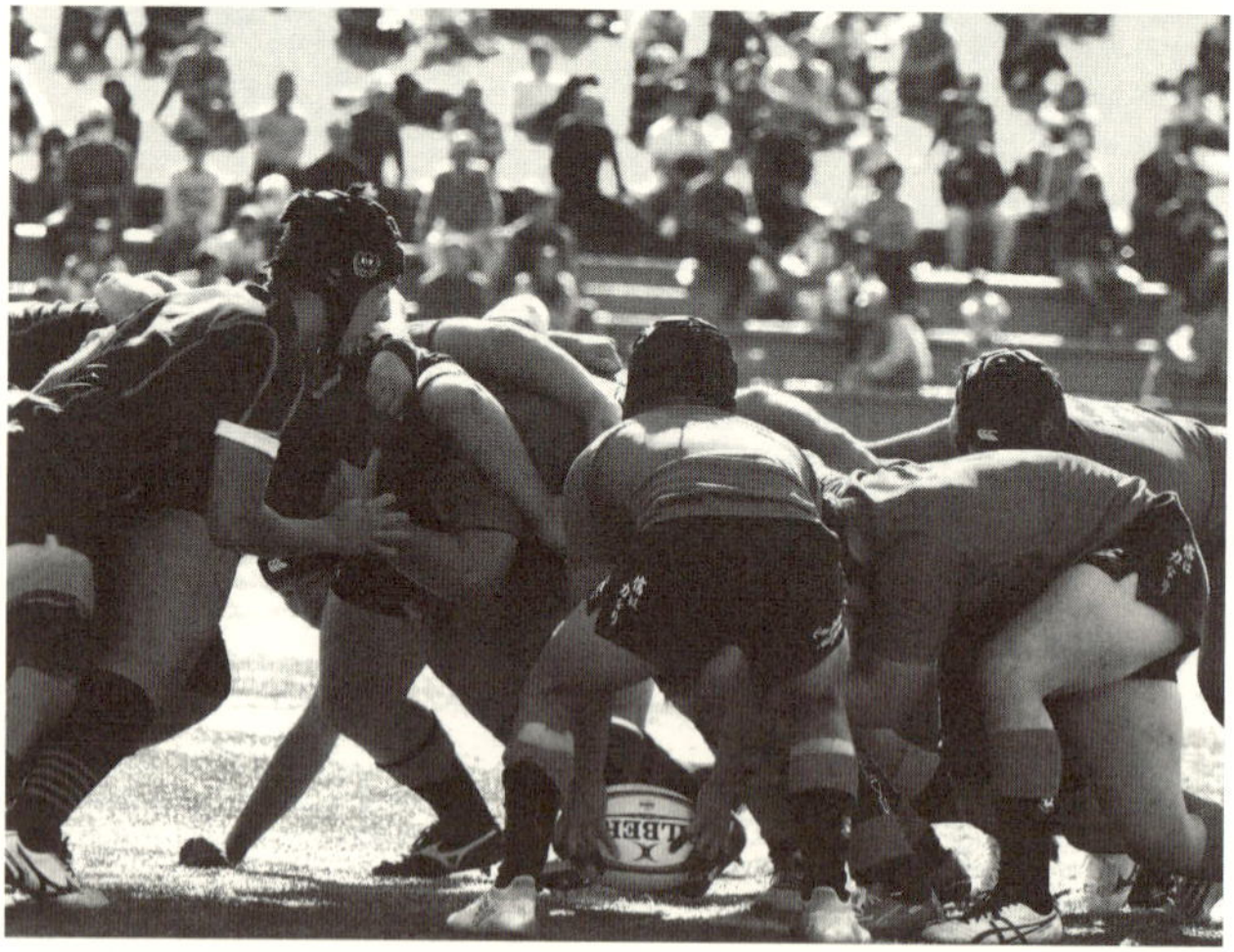

写真提供・京都工学院高校ラグビー部

第5章
食アスリート協会のサポート

アスリートサポート

現在、食アスリート協会では高校野球、高校サッカー、高校ラグビー、大学ラグビー、サッカークラブチームなど20チーム、4名の個人選手をサポートしています。私個人としては、プロ野球選手や長距離ランナーたちを個々にサポートしていますが、どんな団体にも、どんな選手にも、伝えることはすべて同じ。「しっかりごはんを食べる食アススタイル」が基本です。

なにを食べるかの前に、体温はきちんと安定しているのか、睡眠はしっかり取れているのか、入浴はしっかりできているのか、排便はできているのか、心の状態はどうなのかを大切にしています。

生活習慣を知ることが、パフォーマンスや結果に直結します。私たちはアスリートサポートのプロとして〝やる気にさせる〟。ここが大事だと思っています。

プロ野球選手

それでは具体的にお話しします。

あるプロ野球選手のお話です。

サポートし始めた頃は食に対する意識が低く、食事で身体が作られると考えている様子はありませんでした。独身ということもあり、食事よりもサプリメントなどに頼っていて、自主トレ中は、

朝はコンビニのおにぎり。

昼はうどんや蕎麦。

夜は外食がメインでした。

そんな食生活では勝つための身体作りは難しいですよ、というところからサポートがスタートしました。

プロ野球選手の場合、オフ期・自主トレーニングの時期と、試合が続くシーズン中では食事の調整が異なります。

ポジションによっても身体の作り方が違います。

プロ野球選手は、

自主トレ期間中に春季キャンプで戦える身体を作ります。

シーズンがスタートしたら、シーズン中にパフォーマンスが維持できるように身体を整えるのです。

そのためにカギとなるのが「食事の取り方」です。

私がサポートを続けた選手は現在、自分の食事に向き合えるようになりました。

朝はバイキング。

昼はチームで出される食事。

夜は外食になる日もありますが、しっかり身体のことを考えたメニューを食べるようになっています。

勝つことが仕事のプロ野球選手も、意識の向上が最初の一歩なのです。

女子ランナー

次は女子ランナーです。

私がサポートを依頼された女子選手は、摂食障害を持っていました。

高校時代、**厳しい体重制限をされたことがトラウマになり「食べることが怖い」「食べると吐いてしまう」というような状態**が続いていたのです。

社会人になって実業団に入っても、食事の制限や体重制限があったため、思うようにパフォーマンスが上がりませんでした。そのせいで生理も止まり、けがも続いていました。

しかし、2020年の東京オリンピックを目指して、食事のサポートを受けることを決め、「食べる」に向き合って身体が大きく変わりました。

担当した当初はごはん50グラム程度、1回の食事で一口か二口しか食べられず、体温は35度台でした。

そこで私たちは「食アス物語」の次男くんのように、少しずつ食べる量を増やしました。食べられるようになるにつれて排便が良くなり、体温は36度台まで上昇して代謝効率が上がりました。

しっかり食べているので疲れにくくなり、よく眠れるようになって、心の状態も安定。「ストレスでこっそりおやつを食べることもなくなった」と話してくれました。

身体の調子が整い、前向きな言葉が出るようになった今では、1日2合のごはんが食べられるようになりました。女子ランナーのエネルギー必要量（約2800キロカロリー）から換算すると、ごはんは最低でも1日2合は必要なので、まずは合格です。

彼女は「食べられない生活」から「食べる生活」にシフトしましたが、体重はそれほど変わりません。おやつを食べても体重をキープできるのは、食べることで、食べて消費する身体に変わったからです。

食事で身体が変わることが実感できると、どんどん身体は整ってきます。体幹がしっかりしてきて、生理も定期的に来るようになり、ベストコンディションで競技に臨める身体になりました。

1日2合のごはんを食べ、体重を管理し、なおかつ筋肉量もアップ。やる気いっぱい、楽しく試合に臨めています。

目指すは東京オリンピック代表です。

高校ラグビーから学んだ7年間

ラストは高校ラグビーです。スポーツ栄養士として一歩を踏み出した時に、育てていただいた競技です。

高校ラグビー部のサポートがスタートして8年目の現在、食アスリート協会が栄養サポートをしているチームは10チームになりました。

アスリートとは言っても、まだ高校生です。サポートし始めた頃は、選手の食の意識はどのチームも高くはありませんでした。そして8年前はまだ、高校ラグビーチームでの栄養サポートは珍しいことでした。すべてが手探りでした。

例えば、夏合宿。食事が進まず残す選手は多いし、苦手な食材がある3年生は1年生にそれらを押し付けて食べさせる、といった状態でした。

これは「好きな物しか食べない」「苦手な物は食べられない」というこれまでの食習慣の表れだと思います。

そこでまず、高校ラグビー選手の一般的なエネルギー量を伝え、基本のフルコースの徹底を選手、保護者にお願いしました。身長、体重、一般的な活動量から割り出すと、高校生ラグビー選手が1日に必要なのは4500〜5000キロカロリーにもなります。一生懸命サポートしましたが、それでも思うように身体が大きくならない時期が続きました。しかも、食べられない選手は食べられないまま。進歩が目に見えないから、選手、保護者たちとの信頼関係もなかなか生まれない。これでは全体的なレベルアップなどできるはずがありません。


これ以上、なにを伝えたらいいのか。

もっと明確に伝える方法はないだろうか。

実践しやすいのは、どんなことなのか。

困り果てた私は、お仕事でご一緒した御所実業高校（奈良）の竹田寛行監督に「どうしたら選手の身体は変わるのか？」と尋ねました。

竹田監督の答えで、私の目からうろこが落ちました。

「ラガーマンにとって、大事なのはごはん」

さらに、その理由をわかりやすく解説してくださったのです。

当時、私はごはんに対してさほど重要性を感じていませんでした。しかし、これをきっかけに「毎日の食事でごはんをきちんと食べること」「食事の中の炭水化物のうち、60%をごはんから摂ること」を伝えようと、指導法を切り替えました。

サポートするチーム、食トレセミナーで伺うチームの選手たちにはまず、ごはんを食べてもらいます。**必要量は朝1合、昼2合、夜2合。グラムにすると400グラム、700グラム、700グラム。約5合を3回の食事で食べます。**

さらに、**朝練習後、授業の2時間目終わり、練習前、練習後にしっかり補食を食べること。加えて、1日3回の牛乳**もおススメしました。

これを続け、理想的な量のごはんが食べられるようになり、排便の調子も良くなって胃腸の状態が良くなったら、ごはんをベースにした夜食をスタートさせます。

とにかくこれらを徹底してもらいました。

ルールは「決められた量を守って、しっかり食べる」こと。できる、できないではなく、チャレンジし続ける姿勢が大事です。並行して、「なぜ、それが必要なのか」を選手たちに訴え続けました。競技者としてラグビーを楽しむだけでなく、勝ちにこだわろう。そのためにしっかり食べて努力の成果を上げられる身体を作り、トレーニングしていこうと伝えたのです。

そしてもう一人、大事なことを教えてくださった方がいます。京都工学院高校ラグビー部GMの高崎利明先生（当時伏見工業高校ラグビー部監督）です。高崎先生からは、こう言われました。

「食と栄養の取り組みは、難しくしてはいけない」

「栄養学ではなく、一人の母親としての視線が大事なんだ」

つまり、高校生に伝えるスポーツ栄養は、わかりやすく、実践しやすいことが一番。しかも保護者ができる、やってみたい、子どもたちをサポートしたいと思える内容でないと継続はできないというのです。

栄養士として難しい専門用語をつい並べたくなる私には、頭ではわかっているのにそれができていませんでした。

このアドバイスが、今の食アススタイルの確立に繋がっています。

食で心も身体も強くなる。

それを伝え、効果を実感してもらうまでけっして平坦な道ではなかったですが、日々、毎年選手たちがチャレンジし続けてくれたお陰で、サポートチームの多くは身体がどんどん変わっていきました。

単純に食べて大きくなったのではありません。

食べて体重が増えた身体を、しっかりトレーニングで追い込める環境を作ってくださった監督、コーチの皆さんのご協力。効果的なトレーニングメニューを組んでくださったトレーナーの皆さんのご尽力があったからこその成果です。そしてなにより、選手たちのあきらめない継続のチャレンジがあったからだと思います。

食アススタイルの基本は「ごはんに着目」すること。そして、選手のサポートする保護者の皆さんの負担を軽減すること。

選手たちが毎食、たくさんのごはんを食べるとなれば、食事を作る保護者の皆さんの負担も大きくなります。それをいかに楽にして、いかに選手たちが必要な栄養素、食事量を取れるようにするか。

思い付いたのは、昼食に「おかずだけ弁当」を導入することでした。保護者に「決められた量のごはんを持たせてください」とお願いし、おかずだけの弁当を提供することで家族の負担を減らす取り組みです。予算などさまざまな要素が絡むのでサポートチームすべてというわけにはいきませんが、現在4チームが実際に導入しています。

例えば、全寮制のチームでは、ごはんが進むおかずや具沢山のみそ汁を提供してもらっています。当然、選手たちの苦手な食材が含まれることもありますが「同じ釜の飯を食べる」、つまり同じ物を食べて、同じように身体を作っていくチャレンジをすることで、チームワークを高める狙いもあります。

これは、私自身が母親で、料理が得意ではないからこその提案でした。

お弁当作りは、本当に大変です。私は出張でお弁当を作らない日もありますが、毎日作っているお母さんたちはきっと「休みたいな」という時があるのではないかと思いました。

学校で用意される弁当には、子どもたちの苦手な食材も入っています。好きな物だけを食べたいと思う気持ちはわかりますが、苦手な物を避けてばかりはいられません。

将来、日本のトップ選手になり、海外遠征での食事で苦手な物ばかりが出てきたらどうでしょう？　力を出せますか？

大人になり、取引先との会食で、また海外での打ち合わせで、食べたことのない食材、苦手な食材が提供されたらどうしましょう？　好き嫌いを言えますか？

こうした取り組みは、選手たちの心と身体の成長を促すことにも繋がります。「ああ、高校時代に、食事としっかり向き合ったよな」という経験は、きっとどこかで生きてくると思うのです。

あるチームでは、**食事ノート**を付けています。

ごはんの量
牛乳の摂取
排便
入浴の有無
睡眠状態
これらを各自で記録しています。

今はスマートフォンなどで入力する方法もありますが、ノートに文字で書くことにこだわっています。面倒くさくても、自分で書くことが、食事に向き合う意識を養うと考えるからです。また、部員同士がノートを見せ合い、比べることは、コミュニケーションになるし、知識も深めます。

栄養トレーニングに、チーム全体で取り組んでいくことは大変です。なかなか足並みがそろわないからです。それでも、それぞれのチームが自分たちの状況に合わせて、栄養サポートを生かそうとしてくださっているのには本当に感謝しています。監督、コーチの皆さん、選手たち、そして保護者の皆さまの協力、熱意なしにはできないことです。

知識は大切ですが、まずは実践し継続すること。継続しないと身体は変わりませんから、少しでも長く継続できるよう、私たちも細やかにサポートしていきたいと思っています。

食アスリート協会の基本は「しっかり食べる」です。

どんな競技でも、どんな時期でも、自分が望むような身体を作るために、食事に対する意識を高め、身体機能を整えること。それが競技レベルを高める最初の一歩になるはずです。

アスリートに必要なスキルアップ

スポーツをする子どもたちやアスリートのトレーニングは、大きく分けて5つあるとお伝えしています。

1つは「テクニカルトレーニング」。これは競技の技術を向上させるためのものです。

2つ目は「S&Cトレーニング（ストレングス&コンディショニングトレーニング）」。持久力や基礎体力を高めたり、けがをしにくい身体を作ります。

さらに本番にブレない心を鍛える「メンタルトレーニング」。

オン、オフをしっかり見極める「休むこともトレーニング」。

そして5つ目が**「食事トレーニング」**です。

この5つのトレーニングがすべて繋がっていて、うまくサイクルしているかどうかがパフォーマンスに直結すると考えてください。どれか1つが欠けても、アスリートやスポーツをする子どもたちが強くなることはないのです。

ジュニアアスリートの場合は「メンタルトレーニング」や「S&Cトレーニング」が練習メニューに加えられていないケースもありますが、毎日の生活の中でそれらを意識すると、競技レベルでは大きな差が出てくると思います。

これら5つを根っこで支えるのは「家族」の存在です。

ユニホームや練習ウェアを洗濯し、弁当を作り、疲れて帰って来たら笑顔で話し掛ける。おじいちゃん、おばあちゃん世代、父親が家事を手伝ってくれる家庭は増えていますが、メインで働いているのはやはりお母さんではないでしょうか。アスリートの成長に本当に必要なのは、家族の存在。それを縁の下から支えるお母さんのパワーは、けっして小さくありません。

お母さんの存在は偉大であるということを心に留めておいてほしいと思います。

アスリートに必要なスキルアップ

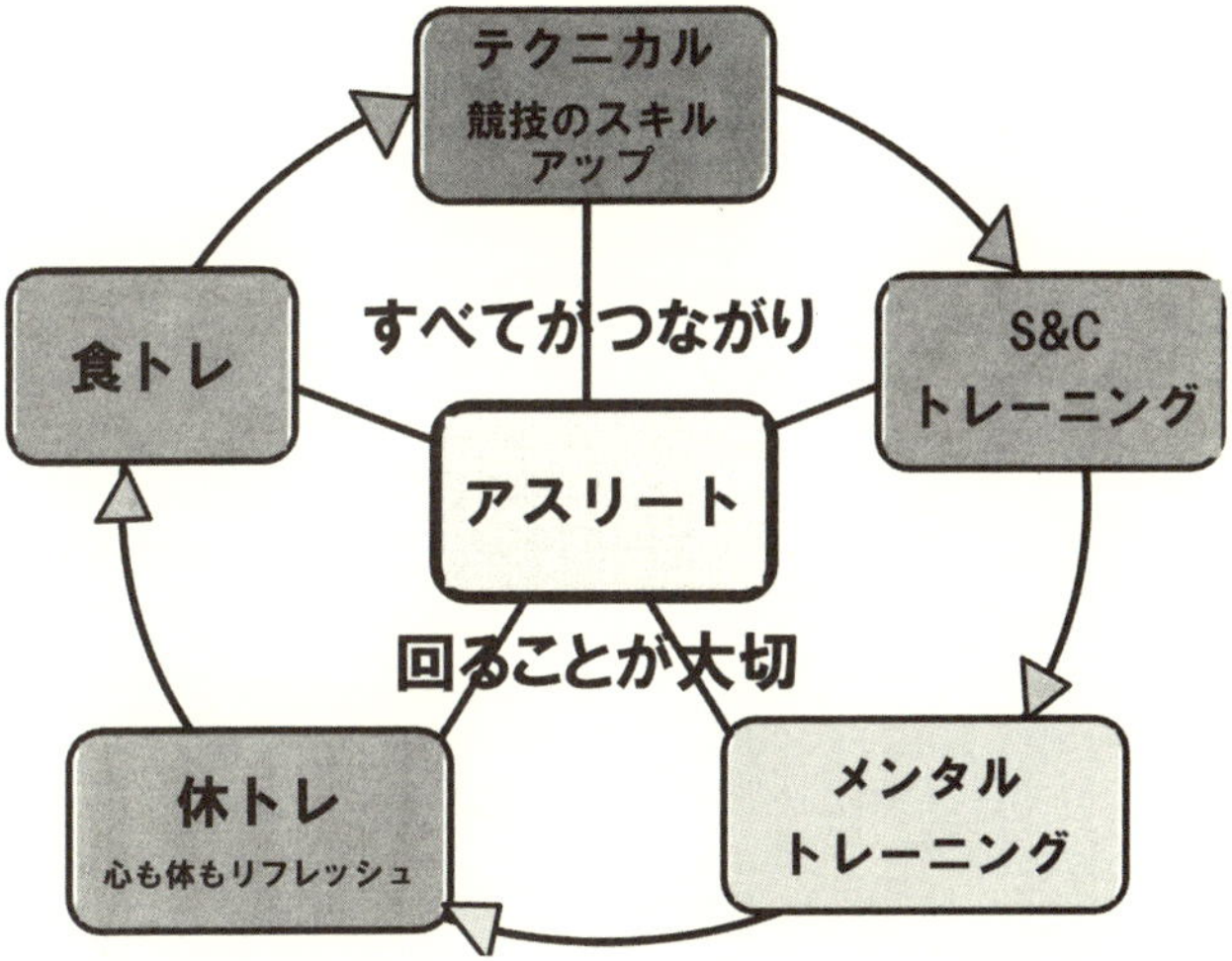

食アスリート協会　サポートアスリート

藤岡《ふじおか》奈《な》穂《お》子《こ》選手

1975年8月18日生まれ　宮城県大崎市 出身
種目:プロボクシング
所属:竹原慎二＆畑山隆則の
ボクサ・フィットネス・ジム
現在、日本人プロボクシング選手として
最高の5階級制覇。

【制覇した5階級】

・WBC女子世界ストロー級王者
・WBA女子世界スーパーフライ級王者
・WBO女子世界バンタム級王者
・WBA女子世界フライ級王者
・WBO女子世界ライトフライ級王者

【経歴】

高校卒業後、宮城県ソフトボール実業団「トーテック」で23歳までプレー。その後、アマチュアボクシングに転向。2003年アジア選手権銅メダル、2004年アマチュア国際女子トーナメント銀メダルなどアマチュア選手としてのキャリアも積む。戦績23戦20勝3敗(12KO)。2009年6月プロ転向(T&Hボクサフィットネスジム所属)。2009年9月にデビュー戦で勝利。以降、あらゆる世界ボクシング団体のタイトルに挑戦し、国内のみならず〝世界の藤岡〟として、ボクシング女子界のパイオニアとして君臨。

食アスリート協会　サポートアスリート

丹羽圭介《にわけいすけ》選手

1983年7月23日生まれ　大阪府出身
種目:キックボクシング
(階級　ライト級、スーパーライト級)
所属:TEAM KSK

【戦歴】

日本拳法15年(3段)、キックボクシング10年
2009年　KAMINARIMON全日本大会
65kg級優勝
2010年　RISING ROOKIES CUP
スーパーライト級王者
23戦16勝7敗(1KO)

【目標】

・2019年2月、4月に開催されるキックボクシング団体REBELSのトーナメントの優勝で日本一になること。
・NHKの体操のお兄さんとコラボしてキックボクシングの運動お兄さんとして健康運動を発信すること。

【目的】

・人生におけるネガティヴを楽しいものにすること。
・パラアスリートとのトレーニング、高齢者トレーニング、子どもの教育となるトレーニング。
・年齢、障がい、病気、けが、慢性的な痛みなど、様々なネガティヴな要素を楽しいものになっていくよう、リングの上はもちろん、自身が代表として行うパーソナルトレーニング「ケイトレ」の中でそれらを解消できるヒントを見付ける時間を過ごします。

丹羽圭介、ケイトレHP(公式ホームページ)
http://www.ksk28.com/

食アスリート協会　サポートアスリート

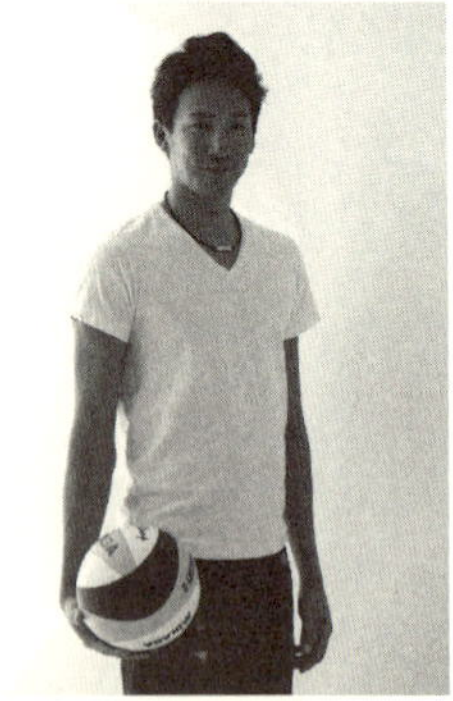

上《あげ》場《ば》雄《ゆう》也《や》選手

1983年9月30日生まれ　千葉県松戸市
(身長191㎝、80kg　利き手左)
種目:ビーチバレーボール
所属:松戸レガロ
(公式ホームページhttp://matsudo-regalo.jp/)

中学時代にバレーボールを始め、大学卒業後Vリーグ入り。

バレーボールを離れて教員となった時期もあったが、子どもたちを指導する中でバレーボールへの思いが再燃。2008年に自ら志願して再びVチャレンジリーグつくばユナイテッドへ入団、翌年行われた東アジア競技大会において日本代表に初選出され、エースとして銀メダル獲得。

2010年　Vプレミアリーグ FC東京へ移籍、同時に全日本シニアチーム代表に初選出。同年の広州アジア競技大会では日本チームの金メダル獲得に貢献した。

その功績を讃えられ2011年に千葉県知事賞、文部科学省国際競技大会優秀者賞を受賞。

2012年9月、リオデジャネイロ五輪(2016年)への出場を目指してビーチバレーボールに転向、2013年12月に競技歴1年余りという異例のスピードで日本代表に選出。

2014年には日本代表として仁川アジア競技大会に出場、競技開始2年でアジア5位まで登り詰めた。その後ブラジルやアメリカで合宿をしたり世界を転戦する日々を送り、2016年6月にオーストラリアにて開催されたリオ五輪アジア最終予選に日本代表として出場、カザフスタンに敗れ五輪出場を逃した。

2018年ビーチバレージャパンで優勝、初の日本一に! 日本代表復帰してアジア競技大会9位、アジア選手権5位。2018年11月11日現在、日本バレーボール協会ビーチバレーボールランキング第4位。現役最後の挑戦として、2020年東京五輪に向けてすでに始動している。

【競技歴】
2010年～2012年　バレーボール日本代表
2010年　アジア競技大会(広州) 金メダル
2013年　全日本選手権初優勝
2014年　アジア大会 (仁川)5位
2016年　オリンピックアジア最終予選出場
2018年　ビーチバレージャパン(全日本選手権)優勝
2018年　アジア競技大会(ジャカルタ・パレンバン)9位

【表彰】
2011年　千葉県知事賞、文部科学省国際大会優秀者

米トレ・食アスレシピ

長男朝食

長男の米トレ：1日1800グラム（朝食米トレ目標量=400グラム）

朝食は1日のスタートです。人は睡眠時にも脳が働いているため、朝からしっかり食べて枯渇しているエネルギーを補給しなくてはなりません。良く噛んで食べることが胃腸へのスイッチとなり、食欲につながるため、噛める食材であることがポイントとなります。朝起きたてに食欲がない場合は、まず温かいみそ汁を飲みましょう。食べやすく一口サイズにしたおにぎりを、いくつか用意してみるのもオススメです。また、夕飯の内容を見直したり、咀嚼（そしゃく）を意識すると朝の食欲不足は改善できます。お腹がすいて目覚めることを目指して、さあ米トレ開始です!

献立

- 雑穀ごはん400グラム
- 具沢山みそ汁
  (ごぼう、にんじん、大根、ワカメ、ネギ、鶏ひき肉、卵)
- 納豆2パック、しらす、果物

体重を増やすには、1日6000キロカロリーが必要目安です。その6割をごはんから摂取すると、1日1800グラムになります。

長男昼食

長男の米トレ：1日1800グラム（昼食米トレ目標量=700グラム）

昼食は活動量に合わせた栄養補給の時間です。ごはんが食べ切れない場合は、補食のおにぎりに分けて徐々に食べる量を増やしていくようにしましょう。お弁当を詰める時は、ごはんとおかずを6対4になるようにすると、栄養バランスが自然に整うだけでなく、運動に必要なエネルギー補給が効率良くできます。

献立

- 雑穀ごはん700グラム
- 鶏肉のマスタードソテー
- 鯖焼き
- さつまいも
- ほうれん草のごま和え
- にんじんしりしり
（ツナ入り）

長男夕食

長男の米トレ：1日1800グラム（夕食米トレ目標量=700グラム）

夕食は運動で消耗したエネルギーを補給し、壊れた細胞を修復、疲労回復するための物です。ごはんとおかずを6対4で食べることで、脂質の取り過ぎを予防します。良いエネルギーバランスの献立と咀嚼（そしゃく）によって、夕食時間が遅くなった場合でも、翌朝は空腹で目覚める良い循環が生まれます。

献立

- 雑穀ごはん700グラム
- 具沢山みそ汁
（舞茸、にんじん、小松菜、豆腐、じゃがいも）
- 豚肉の生姜焼き

次男ごはん量

摂取基準算出325グラム／毎食（女子は2割くらい減らす）

■ **朝食300グラム**＝おにぎり3個分（1個分は100グラム）

■ **昼食225グラム**＝おにぎり2個分＋補食おにぎり1個（またはおかわり）

■ **夕食300グラム**＝おにぎり3個分

補食とは

食事で補い切れない栄養を摂る間食のこと

米トレをスタートしたばかりの時期は、一度にたくさん食べられないこともあります。
運動のタイミングに合わせて補食を取ることで、より効果的に栄養補給ができます。

補食の基本はおにぎり

運動前に食べるおにぎりの意味

素早くエネルギーになるおにぎりで、運動するためのガソリンを満タンにします。
例：塩むすび、梅干しおにぎり

塩むすび

梅干し
おにぎり

運動後に食べるおにぎりの意味

運動で消耗したエネルギーを補給し、疲労回復の役割があります。
例：鮭おにぎり、枝豆入りおにぎり

鮭おにぎり

枝豆入り
おにぎり

酢飯のおかかおにぎり

材料(1合＝3個分)

米……1合
雑穀……大さじ1
水……適量※
すし酢……大さじ1
A かつお節……適量
　しょうゆ……適量

■作り方

1 米をとぎ、炊飯釜に入れる。1合分の水※を入れ、雑穀を加えて炊く。後からすし酢を加えるので、雑穀用の水は入れないこと。
2 ごはんにすし酢を加え、混ぜ合わせる。
3 **2**を3等分にして**A**を中心に入れて握る。

梅干しとおかかのおにぎり

材料(1合＝3個分)

米……1合
雑穀……大さじ1
水……適量※
梅干し……2個
かつお節……4g

■作り方

1 米をとぎ、炊飯釜に入れる。1合分の水※、雑穀と大さじ1の水※を入れ、かき混ぜて炊く。
2 梅干しは種を除いて包丁で刻む。
3 ごはんに**2**とかつお節を混ぜ合わせて3等分にし、握る。

岩塩と大葉と白すりごまのおにぎり

材料（1合＝3個分）

米……1合
雑穀……大さじ1
水……適量※
岩塩……小さじ1/2
大葉……1枚
白すりごま……小さじ1

■**作り方**

1 米をとぎ、炊飯釜に入れる。1合分の水※、雑穀と大さじ1の水※を入れ、かき混ぜて炊く。
2 大葉を細かく刻む。
3 ごはんに岩塩、大葉、白すりごまを混ぜ合わせ、3等分にして握る。

梅と昆布茶のさっぱりおにぎり

材料（1合＝3個分）

米……1合
雑穀……大さじ1
水……適量※
梅干し……1個
昆布茶粉末……小さじ1

■**作り方**

1 米をとぎ、炊飯釜に入れる。1合分の水※、雑穀と大さじ1の水※を入れ、かき混ぜて炊く。
2 ごはんに昆布茶粉末を混ぜた後、梅をさっくり合わせて3等分にし、握る。

練習後おにぎり

枝豆と桜えびの香りおにぎり

材料（1合＝3個分）

米……1合
雑穀……大さじ1
水……適量※
酒……大さじ1
塩……ひとつまみ
だし昆布……5cm
A
冷凍枝豆……100g
桜えび……10g
白すりごま……大さじ1

■**作り方**

1 冷凍枝豆は表示通りに解凍してさやから取り出し、桜えびは粗く刻む。
2 米をといで炊飯釜に入れ、酒、塩を入れてから1合分の水※を入れる。雑穀と大さじ1の水※を入れ、だし昆布を入れて炊く。
3 だし昆布を取り出した**2**に**A**を混ぜ込み、3等分にして握る。

煮干しとアーモンドのおにぎり

材料（1合＝3個分）

米……1合
雑穀……大さじ1
水……適量※
A
煮干し（小さめのもの）……10g
アーモンド……10g

■作り方

1 米をとぎ、炊飯釜に入れる。1合分の水※、雑穀と大さじ1の水※を入れ、かき混ぜて炊く。
2 **A**を包丁で刻む。
3 ごはんに**2**を混ぜ、3等分にして握る。

おかかと炒り卵と菜っ葉おにぎり

材料（1合＝3個分）

米……1合
雑穀……大さじ1
水……適量※
炒り卵……大さじ1
かつお節……大さじ2
菜っ葉（かぶの葉など）……10㎝
塩……少々
砂糖……少々
しょうゆ……少々

■作り方

1 米をとぎ、炊飯釜に入れる。1合分の水※、雑穀と大さじ1の水※を入れ、かき混ぜて炊く。
2 卵に砂糖を入れてかき混ぜ、炒り卵を作る。
3 菜っ葉は細かく刻み、フライパンで軽くあぶって塩をふる。
4 かつお節をしょうゆであえる。
5 ボウルにごはんを移し、**2**、**3**、**4**を混ぜ合わせ、3等分にして握る。

金平と赤しそのおにぎり

材料（1合＝3個分）

米……1合
雑穀……大さじ1
水……適量※
鶏ひき肉……100g
れんこん……100g
にんじん……100g
A
だし……大さじ2
しょうゆ……大さじ1
みりん……大さじ1/2
油……小さじ1
赤しそ……小さじ1/2

■作り方

1 米をとぎ、炊飯釜に入れる。1合分の水※、雑穀と大さじ1の水※を入れ、かき混ぜて炊く。
2 油をひいたフライパンに鶏ひき肉を入れ、火が通ったら千切りにしたれんこん、にんじんを加えて炒め合わせる。
3 しんなりしてきたところで**A**を加え、煮汁がなくなるまで煮る。煮えたら粗く刻んでおく。
4 ボウルにごはんを移し、**4**と細かく刻んだ赤しそを混ぜ、3等分にして握る。

\フライパン一つで作る!/ 鮭とアスパラのカレー風味おにぎらず

材料(1合＝3個分)

米……1合
雑穀……大さじ1
水……適量※
生鮭……1切れ
A | 酒……小さじ1
アスパラガス……3本
B | 酒……小さじ1
カレー粉……小さじ1/2
塩……ひとつまみ
オリーブオイル……小さじ1
海苔……3枚

■**作り方**

1 米をといで炊飯釜に入れ、1合分の水※を入れ、雑穀と雑穀と同量の水(大さじ1)を加え、炊く。
2 生鮭は包丁で3等分し、**A**の酒をふる。アスパラガスは根元の皮をピーラーでむいて3等分に切る。
3 フライパンにオリーブオイルをひいて火をつけ、キッチンペーパーで水分を拭き取った**2**の鮭を皮目から2分ほど焼く。裏返してアスパラガスを加え、鮭が焼けたらBを加えて水気を飛ばす。
4 広げたラップに海苔をしき、中央にごはん、**3**の1／3、ごはんと重ね、ラップごと四角に包む。

\フライパン一つで作る!/ しそと塩昆布の卵焼きおにぎらず

材料(1合＝3個分)

米……1合
雑穀……大さじ1
水……適量※
A | 卵……1個
青しそ……2枚
塩昆布……4g
酒……小さじ1
油……小さじ1
海苔……3枚

■**作り方**

1 米をといで炊飯釜に入れ、1合分の水※を入れ、雑穀と雑穀と同量の水(大さじ1)を加え、炊く。
2 青しそは包丁で刻む。卵をボールに割り入れ、**A**を加えて混ぜ合わせる。フライパンで卵焼きを作って冷まし、3等分に切る。
3 広げたラップに海苔をしき、中央にごはん、卵焼きの1／3、ごはんと重ね、ラップごと四角に包む。

\フライパン一つで作る!/ 鶏ひき肉とれんこん金平のおにぎらず

材料(1合＝3個分)

米……1合
雑穀……大さじ1
水……適量※
鶏ひき肉(むね)……60g
れんこん……30g
にんじん……15g
A | 酒……小さじ1/2
しょうゆ……小さじ1/2
白すりごま……小さじ1
鷹の爪……1/2本
ごま油……小さじ1
海苔……3枚

■**作り方**

1 米をといで炊飯釜に入れ、1合分の水※を入れ、雑穀と雑穀と同量の水(大さじ1)を加え、炊く。
2 れんこんはイチョウ切り、にんじんは千切りにする。
3 フライパンにごま油をひいて火をつけ、鶏ひき肉を炒める。色が変わったら**2**と鷹の爪を加える。れんこんが透き通ってきたところで**A**を加えて水分を飛ばし、冷ましておく。
4 広げたラップに海苔をしき、中央にごはん、**3**の1／3、ごはんと重ね、ラップごと四角に包む。

今日から始める具沢山みそ汁

○具沢山は栄養豊富

毎食一汁三菜の献立が作れなくても副菜の役割をしてくれます。

○不足がちで調理しにくい食材を取り入れやすい

緑黄色野菜、根菜、キノコ、海藻など調理しないと摂取できない食材や豆腐など食物性たんぱく質もバランス良く簡単に食べられます。

○余計な調味料を増やさない

みそだけで味付けが完成するので、手軽に作れて健康的。

○汁まで飲んで、丸ごと栄養摂取できる

○温かいみそ汁を飲むことは温熱ケア、胃腸の保護に

○減塩、血圧安定

具沢山にすることで汁を飲む量は減ります。野菜をたくさん食べると、血圧を安定させたり、筋肉収縮を助けてくれるカリウム摂取量が増えます。

○美味しくできる

具からもだしが出るので自然に美味しくできます。

○経済的

冷蔵庫にある物で簡単に作れるので家計にも優しい。

目からウロコ?!　だしに手間をかけない工夫

○水出し

ポットなどに水とだしの材料を入れて一晩置くだけでOK。

○鍋から取り出さず、具として食べる

吸い物と違い、みそ汁の場合はそのまま残しても美味しく食べられます。

○だしパックを活用する

だしパックの袋を破いて中身を取り出し、鍋に入れるだけ。

○だしは組み合わせで制す

植物性（昆布、干し椎茸など）と動物性（かつお節、煮干しなど）から一つずつ組み合わせると、旨味の相乗効果でより美味しくなります。

具沢山の目安

緑黄色野菜、根菜、キノコ、海藻、豆腐を中心に3〜5種類を入れてみましょう。うま味たっぷり、栄養たっぷりのみそ汁になります。

材料（2人分）

A
- 水……400mℓ
- だし昆布……5cm
- かつお節…大さじ1
- 生姜……1切れ
- すりおろしにんにく……小さじ1

鶏もも肉……1/2枚
玉ねぎ……1/2個
大根……80g
じゃがいも……1個
しめじ……1/4株
小松菜……1株

B
- みそ……大さじ1
- 豆板醤…小さじ1/2

■**作り方**

1 大根、じゃがいもは皮をむいて一口大に、しめじは株元を切り落として小房に分け、玉ねぎは皮をむいて繊維に沿って切る。小松菜は3センチ、鶏肉は一口大に切る。
2 鍋に水を入れて火をつけ、**A**と小松菜以外の**1**を入れる。
3 材料が煮えたら、**B**と小松菜を加えて、ひと煮立ちしたら完成。

材料（2人分）

水……300mℓ
トマト水煮（トマトピューレ）……100mℓ
あさり水煮缶……小1缶（固形50g）
スイートコーン缶詰……小1/2缶
玉ねぎ……1/2個
にんじん……1/3本
ブロッコリー……小1/2株
みそ……大さじ1

■**作り方**

1 鍋に水を入れて火をつける。
2 玉ねぎは繊維に沿って薄く切り、にんじんは皮をむいて乱切りにする。ブロッコリーは小房に分け、スイートコーンはザルに移し、水気を切る。
3 鍋に**2**とトマトの水煮、あさりの水煮を汁ごと入れる。
4 材料が煮えたら、みそを溶いて完成。

材料（2人分）

水……400mℓ
鶏ひき肉……150g
にんじん……1/3本
大根……100g
さつまいも……1/3本
れんこん……100g
ネギ……1/4本
みそ……大さじ1
練りごま……小さじ2
生姜……1/2片
塩、こしょう……少々

■**作り方**

1 鶏ひき肉に、みじん切りにした生姜と塩、こしょうを合わせる。
2 野菜はネギ以外をイチョウ切りにし、水を入れた鍋でゆでる。
3 野菜に火が通ったら、**1**をスプーンですくい、鍋に入れていく。
4 鶏団子に火が通ったら、鍋の火を止め、みそと練りごまを入れる。再び、火にかけ温めたら器に盛り付け、みじん切りにしたネギを乗せる。

キノコの梅風味豚汁

材料（2人分）

水	400㎖	青ネギ	1本
豚こま肉	100g	梅干し	1個
舞茸	1/3株	だし昆布	5㎝
えのき茸	1/3株	かつお節	ひとつかみ
にんじん	1/3本	油	少々
じゃがいも	1個	みそ	大さじ1

■ **作り方**

1 鍋に水を入れて火にかけ、沸騰する直前に昆布を取り出して火を止める。かつお節を鍋に入れ、沈んできたらこして、だし汁を作る。
2 鍋に油をひき、豚肉を炒める。火が通ったら、にんじん、じゃがいもと一緒に炒める。
3 鍋にだし汁を戻し、野菜がゆであがったら、キノコ類を加える。材料が煮えたらみそを加える。
4 お椀に梅を入れてから、その上に豚汁を注ぎ入れる。最後に小口切りにした青ネギを散らす。

夏野菜のさっぱりみそ汁

材料（2人分）

水	400㎖	コーン	大さじ2
ベーコン	1枚	生姜	小さじ2
ミニトマト	4個	みそ	大さじ1
おくら	1本	だしパック	1袋
なす	小1/4本		

■ **作り方**

1 鍋でベーコンを炒め、さらに適当にカットした野菜を加え、炒める。
2 鍋に水を加え、だしパックを入れる。沸騰したらだしパックを取り出す。
3 火を止め、みそとすり下ろした生姜を加え、最後にミニトマトを加える。少し火にかけて完成。

包丁要らず！切り干し大根と豆苗のみそ汁

材料（2人分）

水	400㎖	豆苗	1/4袋
だしパック	1袋	にんじん	15g
みそ	大さじ1	レタス	2枚
切り干し大根	30g	白すりごま	大さじ1
舞茸	1/2株		

■ **作り方**

1 鍋に水を入れて沸かし、だしパックの袋から中身を取り出して入れる。
2 切り干し大根ははさみで3センチくらいに切り、さっと洗う。舞茸は小房に分け、豆苗は2等分に切り、にんじんはピーラーで細長く切る。レタスは手でちぎる。
3 鍋に**2**を入れ、材料が煮えたらみそを溶き入れる。器に盛りつけ、白すりごまを振る。

ちゃんとごはん。
大戸屋 ごはん処 OOTOYA

＼大戸屋メニューを賢く利用／ 外食レッスン

高校生長男&中学生次男向け

例えば

「鶏と野菜の黒酢あん定食」なら……

1958年創業、60年超の歴史を持つ大戸屋は「家庭食の代行業」をコンセプトに、お母さんの手作りに近い料理を目指す大手外食チェーン店です。食アスリート協会が推奨する「食アススタイル（ごはん=6、おかず+具沢山みそ汁=4)」を、外食で実践できます。

強い身体を作りたい高校生長男&中学生次男向けのメニューの一例として、「鶏と野菜の黒酢あん定食」を挙げます。食べ盛りで胃腸の働きも安定してきた高校生長男は、**ごはんを大盛りにして2杯**食べましょう。成長真っ最中の中学生次男は**大盛りごはん1杯**。よく噛んで食べてください。また、みそ汁を**たっぷり野菜の麦みそ汁**に変更するのも忘れないで。白飯を**五穀米**にして、ドリンクバーの**果汁100パーセントジュース**を加えれば、寮生活で鍛えている選手たちにも負けない理想的なメニューになります。

ダイエットに目覚めた長女&健康が気になるパパとママ

例えば

「さば炭火焼き定食」なら……

ダイエットに目覚めた長女、健康が気になり出したパパ、ママへのメニューは「さば炭火焼き定食」です。ごはんの量は普通で、男の子たちと同じように白飯を**五穀米**に、みそ汁を**たっぷり野菜の麦みそ汁**をセレクトして。

もちろん、大戸屋でなければいけないワケではありません。外食をする時は、こんな「一工夫」でライバルに差を付けてしまいましょう! やるかやらないかは、あなた次第です。

レシピ担当　協会インストラクター

堀口《ほりぐち》 泰子《やすこ》

・栄養士
・食アスリートシニアインストラクター
・健康・食育シニアマスター

スポーツチームの栄養サポート、講演活動、食トレセミナー、企業へのレシピ提案、料理教室など、様々な食育活動を行っています。2人の子育てに奮闘中。食と向き合うことで競技への向き合い方、親子関係にも変化が起こります。子を想うお母さん、お父さんの力は何よりも大きい。食事づくりに手間をかけないこと、食欲や体調を整えて美味しく食べられること、その両方を実現させてくれるのが「米トレ」です。忙しいお母さん、お父さんも気負わずに実践できる取組みを応援しています。

・HP
栄養士 堀口泰子 Official　https://eiyoushiyakko.jimdo.com/
・Blog
簡単レシピのお料理教室　https://ameblo.jp/yasukoh/

原田《はらだ》 マチ子《まちこ》

・食アスリートシニアインストラクター
・健康・食育ジュニアマスター

サッカーチーム食サポート、コラム執筆、食トレセミナーなど行っています。元アスリートの夫とサッカーを頑張る息子をもつ母です。サッカー少年の息子を強く大きくしたいことから、食アスに出会いお米のすごさを知り、試合のたびに作るおにぎりで息子をいつも応援中です！　調理師でも栄養士でもなく普通の母として、実践しやすいアスリートにとっての食のトレーニングを伝えています。

・HP
応援めし　http://longtrip-support.com/
・Blog
サッカー少年を全力で応援するスパルタママ日記　http://hara-tokyo.net/

参考文献

一般社団法人日本健康食育協会　健康理論・食事理論

公認アスレッティィックトレーナー専門科目テキスト第9巻スポーツと栄養

PFCバランスの図（厚生労働省の日本人の食事摂取基準を参考）

一般社団法人食アスリート協会
食アスリート理論
アドバンス講座テキスト

協力
株式会社大戸屋ホールディングス
一般社団法人おにぎり協会

あとがき

最後まで読んでくださり、ありがとうございました。たくさんのスポーツ栄養の本から選んでいただいたことに感謝いたします。

構想から出版まで、1年の年月がかかりました。文章を書くのが最も苦手な私が「本を出そう」と決心したのは、よりわかりやすく、誰でもできるスポーツ食育をお伝えしたい、そんな気持ちからでした。

私が全国でスポーツ栄養をお伝えする機会をいただき、お母さんたちと接していくうちに「理解はできる。納得できるけど、忙しい毎日の中で完璧にこなすのは難しい。しんどいです」という言葉に触れました。私自身がズボラで料理が好きではありません。もっと簡単で、もっとやさしく実践できる方法をお伝えできないか。試行錯誤して、物語風のこの形になりました。

「食」はすべての土台です。皆さんの「食べるを変える」きっかけに、この1冊がなるのであれば嬉しいです。全国のスポーツする子どもたちのお母さんに「毎日の食事の支度やお弁当作りが楽しい！　簡単だから継続できる！」と思っていただけたら、なお嬉しいです。

今回の出版にあたり、物語のライティングでアドバイスをいただいた「オフィスＳＯＲＡ」

の岡留輝美さん。アスリートのお母さんならではの、楽しくなる物語をありがとうございました。

出版にご尽力くださった高校野球雑誌「報知高校野球」(私たちも連載を持っています)の日比野哲哉編集長、報知新聞社の皆さまの細やかなアドバイスは、初めての出版で戸惑う私にはとても心強いものでした。

そして今回レシピを担当してくれた一般社団法人食アスリート協会・食アスリートシニアインストラクターの堀口泰子さん、原田マチ子さん。美味しいレシピに感動しました。ありがとうございます。

そして、ともに同じ思いで活動してくれている全国の食アスリートインストラクターの皆さんに感謝すると同時に、これからも一緒に「かんたん　やさしい　食べるを変える　米トレ」をお伝えしていこうと思っています。

最後に――。私がこのように全国で活動できるのは、家族の存在があるからです。日々支えてくれる家族たちに、最後に「ありがとう」を伝えます。

2019年2月吉日

一般社団法人食アスリート協会理事・公認スポーツ栄養士　馬淵　恵

一般社団法人　食アスリート協会

2013年設立。「食べる力」(生命力)を高めることで心と身体の両面から健康を追求し、スポーツ・社会の発展に貢献する――を理念に、日本食をベースに身体作りをサポートする指導者の養成、アスリートのパーソナルサポート、スポーツチームサポートを行う。神藤啓司代表。info@s-a.or.jp

馬淵　恵（まぶち・めぐみ）

食アスリート協会理事、主任講師。公認スポーツ栄養士。共立女子大食物学科管理栄養士専攻を卒業後、大手食品メーカーで営業を担当。その後、フリーの管理栄養士として独立。大手エステ、行政、病院、企業での生活習慣病、ダイエットなどで延べ5万人以上の方々の食サポート経験を有す。現在はプロ野球選手、高校野球、高校ラグビー、高校サッカー、大学ラグビー、大学アメリカンフットボール、実業団陸上、バレーボールなどのチーム栄養サポートを担当する。2児の母。

2019年2月5日　初版

かんたん　やさしい　食べるを変える　米トレ

著　者　馬淵　恵

発行人　白浜　浩
発行所　報知新聞社
〒108-8485　東京都港区港南4-6-49
電話　03(5479)1285(出版販売部)
カバーデザイン　イワサキ　タケシ
本文デザイン＆印刷所　図書印刷株式会社

ISBN 978-4-8319-0160-6